SALES PATTER

销售话术
全能一本通

销售口才训练营 / 编著

人民邮电出版社

北　京

图书在版编目（CIP）数据

销售话术全能一本通 / 销售口才训练营编著. -- 北
京：人民邮电出版社，2018.1
ISBN 978-7-115-46062-2

Ⅰ. ①销… Ⅱ. ①销… Ⅲ. ①销售－方法 Ⅳ.
①F713.3

中国版本图书馆CIP数据核字(2017)第217449号

内 容 提 要

　　本书主要围绕销售过程中"销售人员如何将话说到客户心里去"这一核心内容，全面阐述了销售人员获得产品销售订单的说话知识和技巧，另外还详细讲解了销售过程中销售人员应该掌握的相关知识和技能。

　　本书的主要内容包括销售人员拜访客户的前期准备、不同客户的不同应对方法、询问客户需求的话术、做好产品介绍的话术、客户消费心理的把握、消除客户购买顾虑的话术、价格谈判的策略、应对客户拒绝的话术以及处理客户投诉等方面的知识。本书不仅涵盖了销售专业知识和销售过程中的签单技巧，还对销售过程中发生频率较高的成交或丢单的现象进行了详细的分析指导。

　　本书通过多维视角，帮助销售人员充分了解和掌握高超的销售话术，使销售人员在销售活动中实现运筹帷幄、顺利营销的目的。

　　另外，本书的实用性和可操作性较强，不仅是销售人员将话说到客户心里去的参考宝典，还是运营者开展销售活动、促成产品销售的实用手册。

◆ 编　　著　销售口才训练营
　　责任编辑　武恩玉
　　执行编辑　刘　尉
　　责任印制　焦志炜
◆ 人民邮电出版社出版发行　　北京市丰台区成寿寺路 11 号
　　邮编　100164　电子邮件　315@ptpress.com.cn
　　网址　http://www.ptpress.com.cn
　　北京天宇星印刷厂印刷
◆ 开本：700×1000　1/16
　　印张：13　　　　　　　　　2018 年 1 月第 1 版
　　字数：190 千字　　　　　　2025 年 4 月北京第 33 次印刷

定价：39.80 元
读者服务热线：(010)81055256　印装质量热线：(010)81055316
反盗版热线：(010)81055315

前　言

　　真正的销售高手必是心理学大师，能够直击客户内心，命中要害。世界上从来没有卖不出去的产品，只有不懂攻心术的销售人员。销售是个技术活，不仅拼技巧、拼情商，还要讲策略。销售高手三言两语就能成交千万元，而不懂销售的销售人员则很"巧妙"地将大单拒之门外。

　　有些销售人员碰到难缠的客户，会表现得不耐烦，而销售高手则激动万分，因为他知道这是一位可能成交的客户。有时销售人员会因为说错某句话而惹得客户不高兴，结果导致谈了半个月的销售订单转眼飞走。其实，这些问题的出现都与销售人员不会说话或者不能将话说到客户心里去有很大的关系。那么如何才能把话说到客户心里去呢？

　　第一，不打无准备之仗。销售人员在与客户进行沟通前要做好准备，例如，准备客户名单、预约客户时间、规划交谈内容等。

　　第二，掌握各类销售技巧。销售人员在拜访客户时，还要掌握具体的拜访方法，例如，选择恰当的拜访场所、见面寒暄、寻找兴奋度话题、赞美客户等具体方法，这能帮助销售人员做好暖场工作，为接下去的产品销售打好基础。

　　第三，人情做透，吃准潜台词。在销售过程中，客户常常说一些带有深意的话，销售人员要能听得出客户的弦外之音，多听、多想，挖掘客户的潜台词，让客户实现从拒绝产品到欣然接受产品的转变，如假处理法、直接法、逆转法、代价法等具体方法，通过这些方法，使客户改变心意，促成产品销售订单的签订。

　　第四，不同客户，各个击破。针对客户在销售过程中的不同心理表现，销售人员要掌握攻克客户心理的不同方法，包括消除客户顾虑的方法、价格谈判的一系列策略等，从而帮助自己获得更多的销售订单。

最后，销售人员还要学会如何踢好临门一脚，进而促成产品销售订单的签订。

针对以上内容，笔者结合自己多年的销售经验，专门为销售人员量身定做了一本将话说到客户心里去的实战宝典。本书以心理学知识理论为基础，以经过科学检验的心理实验为依据，通过大量的销售实战案例，帮助读者弄懂销售中卓有成效的各种销售心理策略。此外，本书还特别强调将心理策略以话术形式呈现，把销售人员应当与客户说什么、怎么说都进行了介绍，以帮助销售人员快速掌握如何将话说到客户心里去的核心知识和技能。

通过阅读本书，读者可掌握销售高手说话、谈判的妙招和策略，进行恰当、灵活的运用，进而掌握高超的"话术"。相信读者只要把书中讲解的要点在实践中加以训练，就一定会成为一名出色的销售人员，能够在销售全流程中直击客户内心，把话说到客户心坎里，从而改善与客户的关系，在不知不觉中提升销售业绩。

本书特色

1. 情景互动测验，强化脑力训练

每一章都精心设置了情景测试题，帮助读者进行思维发散，以找到更多的解决思路。同时，本书配有参考答案，便于读者借鉴参考。本书采用开放式答案模式，让每一位读者尽情发挥。一千个销售人员，就会有一千种销售方案，只要能够成交，就是好方案。

2. 内容实用实在、详略得当，实战性强

本书涵盖了销售过程中如何说话的核心内容，是销售人员在专业领域内必须掌握的实操性知识。全书内容实用实在，以"原理 + 方法论"的哲学思想搭建全书框架，有理论、有实操指导，非常注重知识的实用性和可操作性。

在讲解销售人员需要掌握的方法时，深入浅出，运用场景化的销售对话形式对销售人员进行引导，便于销售人员更方便、更快捷地掌握销售知识，具有非常强的实战性。

3. 行文简洁明了，以实例指导全程

本书以销售人员与客户的销售对话和应对技巧为核心内容，针对销售过程中的常见问题以实际案例进行指导，避免了不同章节不同实例间的知识断层，尤其注重实例场景的带入式讲述，保证内容的统一性。本书以简洁的语言、贴近生活的销售场景形象化讲解销售知识，犹如读者的一位老朋友，帮助读者大大缩短成为优秀销售人员的时间。纵观全书，笔者将销售过程中客户的心理活动和销售人员的应对话术及战略一一对应起来，使学习过程简单生动、活泼有趣。

4. 衔接到位，有利于读者学以致用

本书在介绍过程中，大篇幅地使用场景案例进行讲解，用一些经典的案例和生活情景将不同类型的客户与销售人员的应对话术串接起来。最终，读者在阅读过程中会不知不觉触发联想思维。每章分为7~9个小节，每节分别对应一个方法论或案例释义。全书布局合理、衔接到位，让读者读得懂，学得会，可以直接运用到实际的销售活动中，有利于读者学以致用，洞察客户心理，创造优秀的销售业绩。

本书读者对象

- 传统行业销售人员
- 电商销售人员
- 市场营销人员
- 市场部门的管理者
- 广告或市场营销专业的大学生
- 其他需要销售工具书的人员

目 录

第 7 章　消除顾虑八大方法

第 8 章　价格谈判九大策略

第 9 章　弦外之音：多说不如多听

第1章
有备而来：做好100%准备

人们常说"成功只属于那些有准备的人"，同样，在销售的过程中，销售人员要想将产品顺利地售卖出去，也需要做多方面的准备工作。销售人员不仅要在与客户交谈时做好产品介绍的准备工作，还要在销售之前做好知识储备，做好预约客户、向客户展示好形象的准备工作。

1.1　准备客户名单：标明姓名、职位、地址、电话

知己知彼方能百战百胜，销售人员在拜访客户时，首先要准备好客户的名单，一份完整详细的名单能够使销售人员的产品销售事半功倍。

在客户名单上，最基本的信息就是目标客户的姓名、职位、地址和电话。这些基本信息能够帮助销售人员对即将拜访的客户有基本的了解。

心理学中有焦点效应，指的是人们在交往过程中都希望被别人关注，当他人对自己有一定了解，表现出对自己有兴趣时，就会感受到对方的好感。举例来讲，当客户第一次见到销售人员时，如果销售人员说出"您是×××先生吧，久仰大名"之类的话时，客户就会感到非常惊喜，从内心深处产生喜悦感和满足感。

根据这一心理学效应，销售人员在拜访客户之前就要做好对客户的了解工作，准备好客户的名单。这样，销售人员才能够从中获得客户的基本信息，在与客户的交谈中获得客户的青睐。

乔·吉拉德（Joe Gilad）是全球最厉害的美国汽车销售员之一，他曾经在吉尼斯世界纪录上蝉联了12年的冠军，创下了连续12年平均每天卖出6辆汽车的业绩，直到现在依然没有人超过他。

乔·吉拉德之所以能够有如此令人羡慕的销售业绩，与他时刻把客户的名字放在心上、重视自己的客户名单是分不开的。他在与客户交流的过程中，总是很关注客户内心的需要，并会采用合适的方法进行表达。

每到一些特殊节日，乔·吉拉德就会给身边的潜在客户寄送贺卡。如一月份寄送新年贺卡，二月份寄送华盛顿诞辰日贺卡，三月份寄送圣帕特里克日贺卡……凡是收到乔·吉拉德贺卡的人都非常惊喜，从此记住了乔·吉拉德的名字。

他曾经总结自己的销售经验，说道："我有系统的档案，里面是我所有认识的人的基本情况。平均每个月我都要发出两万张贺卡，不管他们是否购买我的车，凡是跟我有过交集的，我都会让他们知道我记得他们。我的卡片传递的是爱，我的客户服务系统应用到了许多企业中，它们大多都是世界500强中的企业。"

从乔·吉拉德成功的销售经验上看，准备一份有效、完备的客户名单是非常重要的，它能将客户的基本信息呈现出来，易于销售人员对客户进行拜访。

所以，销售人员如果能够在拜访客户前，根据事前准备好的名单内容表现出自己对客户的关注，就能够在很大程度上获得客户的好感，这对于促成产品订单的签订有非常重要的作用。

因此，销售人员在做准备时就应该对客户的名单进行统计，在名单上标明客户的姓名、职位、地址、电话等信息，便于与客户联系和进行顺利的交谈。

小·提示：销售人员在准备客户名单时，不应该对客户的隐私有所涉及，只需要将客户的基本信息和与订单成交的信息准备好即可。这样，在双方的交谈中，客户才不会有隐私被侵犯的感觉，更有利于双方的交流。

1.2 选择预约时间：不打扰客户休息和用餐

销售人员在预约客户时常采用电话预约的方式，在选择预约时间方面，销售人员要尽可能地不打扰客户休息和用餐，这样才能增加预约成功的可能性。

在预约客户时，销售人员常会遭到客户拒绝，客户往往以自己没时间为由拒绝见面。一般的销售人员在听到这类话时难免会打退堂鼓，不会再与客户进行更多的交流，事实上，80% 的客户都是在借此推搪。

销售人员想成为金牌销售员，就要做好随时被客户拒绝的心理准备，这样才能越挫越勇，成功预约到客户。当然，想要成功预约并获得与客户见面的机会，还要讲究一定的方式和方法。下面就为大家介绍预约客户的相关知识。

成功预约客户的核心是让客户相信两个理由：第一，销售人员的拜访对客户是有很高价值的；第二，拜访交谈的过程不会花费客户太多的时间，却能让客户有一次物超所值的体验。

举例来讲，销售人员可以对客户说："您没有时间，这我可以理解，您是公司的骨干，时间非常宝贵，但我们的拜访不会花费您很长时间，并且我们会在大型电机的选用和技术方面给贵公司一些建议和资料，并且这些都是针对贵公司提供的免费服务。"

"如果我们公司对贵公司的生产效率稍有提升，我相信这也是对贵公司的一点贡献。所以，我们在下周一见一面，您看可以吗？"

面对销售人员的提议，客户一般会有两种应答方式。

第一种是肯定的回答，"那好，就在周一见面吧"，或者是"周一不方便，周三再见吧"，这样，销售人员就完成了与客户见面时间的预约。

第二种是"我真的没有兴趣"，这种情况一般是客户觉得自己的产品已经有了很好的供应商，并且自己时间很紧，不愿意也不需要其他的供应商来推销产品。

针对第二种情况，销售人员应该把自己能带给客户、让客户无偿获得的好处说出来，一方面满足人们求利的心理，另一方面让客户觉得销售人员推荐的产品确实有帮助。

通过上面的举例和分析，销售人员应该了解和掌握了预约客户的基本知识。在以后的实际应用中，销售人员要根据客户反映的实际情况，灵活应对，真正做到随机应变，成功预约到客户。

另外，销售人员在预约客户时还要考虑合适的见面时间。通常情况下，见面时间最好避开客户休息、用餐的时间，而且最好不要选择节假日去打扰客户。

举例来讲，销售人员在预约商店管理人员、部门经理等人时，一般在上午 10:30 之后会比较方便；而去拜访工程师、化学家等专门人才时，通常下午 1:00—3:00 客户会比较方便。

总之，销售人员在预约客户时要分辨客户拒绝的潜在含义，想办法扭转客户拒绝的局面，另外还要提高自己的预约技巧，注意预约客户的时间，做到不打扰客户休息和用餐，努力获得见面机会，为产品的销售打下良好基础。

> **小提示**：销售人员在预约客户见面时，应该做好两方面的准备。一方面要做好见面时间的规划，另一方面要做好被拒绝的心理准备，并且想好应对之策，让客户欣然同意见面的请求。

1.3 规划交谈内容：在他人帮助下反复演练

拜访客户时交谈的内容在销售过程中发挥着重要作用，所以，销售人员在做准备时要规划好与客户交谈的内容，争取做到目的明确、条理清晰。在必要的条件下，请求他人的帮助，反复演练交谈内容，将谈话内容准备充足。

规划好与客户交谈的内容是做好事前准备的重要环节，销售人员通过规划与客户的交流过程来帮助自己预先准备好交谈的内容，能够有效地避免谈话内容的空洞或冷场，也会让双方的交流更加流畅和高效，在很大程度上提高产品销售成功的可能性。

销售人员在反复演练交谈内容时，应当关注以下三个方面的问题，分别是自己的外在形象、行为举止细节和专业能力。

1. 塑造良好的外在形象

销售人员在约见客户时，首先要修整好自己的外在形象。干净整洁的外在形象能够为自己在客户心中加分，有效赢得客户的好感。例如，销售人员的发型要清爽、面部要干净、衣着要整洁等。

另外，销售人员衣服的颜色也有讲究，一般遵循全身颜色搭配不超过三色的原则，身上所配的腰带、穿的皮鞋要保持同一种色，最好都是黑色。在与客户见面商谈时，男销售员可以选择深色的正装，而女销售员最好选择职业套装。

2. 行为举止落落大方

销售人员在约见客户时，应该表现得落落大方，这样，销售人员才能让客户对自己心生好感，留下好的印象。在交谈过程中，销售人员切记不要畏畏缩缩，否则会给客户留下不自信、胆小的印象。

具体来说，销售人员要将与客户见面交谈的过程"流程化"，对其中的动作做好练习，让双方之间的握手、目光接触、举止动作都做到中规中矩，让客户感受到销售人员的自信和大方。

3. 能力要表现出专业水平

初次见面时，如果销售人员能够让客户感受到自己过硬的专业能力，会让客户增加心理安全感。所以，销售人员应该在平时多增加专业知识和能力的学习，这样，自己才能在与客户的交谈中给客户留下专业人士的印象。

以上三个方面需要销售人员在约见客户之前反复演练，将这些交谈内容中需要展现和突出的方面都掌握好。这样，销售人员在与客户的实际交流和沟通中，才能做到游刃有余。

> **小·提示**：销售人员在规划交谈内容时应该时刻谨记销售产品是最为主要的，所以，规划的交谈内容应该紧紧围绕产品销售，一切以产品销售为核心。因此，销售人员对此部分的准备都是为了使销售过程顺利进行，交谈的内容要为产品销售打下良好的基础。

1.4 简单介绍自己: 三分钟内切入谈话主题

销售人员在拜访客户时,应该先向客户简单地介绍自己,最好在三分钟内切入谈话主题,让客户对自己有一个良好的印象。

交谈过程中,销售人员一方面要借用自我介绍赢得客户对自己的好感,另一方面,还要注意不要过多地谈及与销售无关的话题。销售人员在介绍自己时,虽然要言简意赅,但也应该注意自己的外在形象、行为举止等。最好通过这些简单的接触,向客户展示出自己精湛的业务能力,这会给客户留下非常专业的印象,有利于销售过程的顺利开展。

在展示好的自我形象之后,销售人员要向客户说明自己的来意,让客户的注意力尽快集中到产品上去。这样直接有效的开场白,相对于啰唆、漫无目的的寒暄更容易受到客户的欢迎。

王芳是一家保险公司的推销员,她在刚刚工作时常常因为准备不足而错失客户,下面大家来看一下她与客户见面的过程。

王芳:"您好,见到您很荣幸。"

客户:"你好,你是?"

王芳:"我叫王芳,昨天我打听到您今天有时间,就特地来拜访您。"

客户:"那你见我有什么事情吗?"

王芳:"是这样,我们先不谈正事,我看您的办公室装修得真大气,可见您的品位很高啊。"

客户手头上正有事请,不想和王芳说更多的话,就再次向王芳询问道:"你今天来有什么事情吗?"

王芳没有看出客户很着急,依旧和客户说一些题外话,迟迟不肯进入主题。

这时,客户的耐心已经消耗得差不多了,不出所料,向王芳下了送客令。客户对王芳说道:"我已经知道你的来意了,不过,我现在比较忙,没有时间处理你的事情。不好意思,你请便吧。"

结果,王芳这一趟自然就没有签下订单,而且还在客户的心中留下了不好的印象。

从上面的案例中大家可以看出，虽然销售人员应该和客户有一个开场白，对销售过程进行暖场，但是要尽量压缩这段时间。在给客户留下好的初步印象之后，就要单刀直入地进入销售主题，让客户感受到见面的意义。

> **小·提示**：销售人员在准备面见客户时，应该注意自我介绍的目的是为了在客户心中留下好的印象。做好产品的销售才是最核心的目的，所以，最好三分钟就切入谈话的主题。

1.5 多用简单语言：避免使用冷僻专业用语

销售人员在与客户交谈中，一定要记住交流的最基本要求是双方能够听懂对方的话。所以，销售人员在说话时，要尽可能地用简单的语言，避免一些冷僻的专业用语。

简单的语言能够让双方的交流变得简洁而高效，也会给对方留下良好的印象。销售人员要想让产品的销售有好的结果，就需要尽量使用双方都听得懂的语言，这样客户才能对销售人员产生好感，从而使产品的销售过程更加顺利。

下面，大家来看一个销售过程中常见的销售场景，了解一下在交谈中使用过多冷僻专业名词的缺点。

销售人员："您好，欢迎来到 ×× 汽车 4S 店，我们会为您提供最优质的服务。"

客户："你好，我今天过来是来看看车，这是我第一次买车，对车也不太了解，你给我介绍一下吧。"

销售人员："好的，很荣幸为您服务。请问您有喜欢的车型吗？ SUV 还是 MPV ？"

客户："SUV 我听说过，但 MPV 是什么样的车啊？"

销售人员："MPV 是英文 Multi-Purpose Vehicle 的简称，翻译过来就是多用途车。它充分吸取了轿车、旅行车和厢式货车的优势功能，汽车的每个座椅都可以调整，并且还可以进行多种方式的组合。"

客户："这听起来不错，这种车有什么特别之处吗？"

销售人员："这款车安装了 LDWS+ 行车偏移侦测警示系统、EBD 电子制动力分配系统、涡轮增压引擎、BOS+ 刹车优先系统等多个系统，让您行车更加安全。"

客户："什么，先等等，你刚刚说的那几个系统是什么？我怎么一个也没听到过。"

销售人员："这四个系统都是汽车中的专业系统，您没听到过它们的名称很正常。"

客户："那你跟我说这些我也听不懂啊，你不是白说了吗？"

销售人员："那好，我不用专业的术语向您介绍了，我再重新向您介绍一遍。"

客户："那你用我听得懂的话再说一遍吧。"

销售人员："其实这款车的性能非常好，它安装了预警系统，如果车在行驶过程中偏离了轨道，就会自动提醒车主注意安全。另外，汽车的发动机动力十足，可以满足百分之九十九的车主，那百分之一就是专业的赛车手了……"

客户："嗯，以后你还是用普通人能听懂的话来介绍吧，前面的介绍我没听懂，但你后面的介绍我就明白多了，看来这款车总体上看还不错……"

通过上面的案例，大家可以看到，如果销售人员用专业术语向客户介绍汽车，那么销售过程中客户很有可能会出现听不懂的现象，如果客户的脾气不好，销售的过程也可能会被终止；而当销售人员换了通俗易懂的介绍方式时，客户明显地感到了某种型号汽车的优点。

因此，销售人员在向客户进行产品介绍时，为了使产品的销售得以顺利地进行下去，销售人员就要使用简单的语言来介绍产品，让客户直观地感受到产品的优势。这样，双方的沟通才更加顺利。

当然，销售人员在面对有一定专业基础知识的客户时，是可以用一些专业的术语来介绍产品的，如产品参数、性能数据等方面，以展示自己的专业水准，让客户更加信服。

当面对没有太多专业认知的普通客户时，销售人员要多进行一些通俗易懂的介绍，多些直观感受的描述和对比体验，少一些客户听不懂的冷僻专业用语，这样才能让客户真正感受到产品的优势，从而有助于产品的售卖。

所以，销售人员在介绍产品时，最好多用简单的语言来展示产品的优势和特点。随着双方交流程度的加深，如果销售人员发现客户比较专业，再使用一些专业的用语与之交流，这样会使产品的销售过程更加顺利。

💡 **小·提示**：销售人员在交流时应该照顾大多数的普通用户，这样才能让客户较为充分、直观地了解产品的优势和特点，从而让双方的交流更加顺畅，让客户更有可能购买产品。

1.6 事先关心：不提产品，先从客户角度出发

销售人员在向客户初次推销产品时，时常遭到拒绝。所以，销售人员可以使用事先关心的方法来吸引客户的注意力，让客户主动接近自己，从而顺利打开产品介绍的话题。

王霞是一名妇婴产品的销售人员。有一天，她给附近某小区的客户送产品，当走在小区刚进门的路上时，看到不远处的长椅上坐着一位孕妇和一位上了年纪的阿姨。

于是王霞就假装无意地向小区门卫询问道："不远处长椅上坐的那两位是不是一对母女啊？看样子好像。"门卫对她说："你说对了，她们确实是母女，那位孕妇快要生孩子了，她的母亲提前过来照顾她。"

王霞听完之后，点头致意，然后径直走向长椅，亲切地提醒孕妇："孕妇在椅子上坐太久很容易生病的，现在的天气有点凉，虽然当下您不会有什么不舒服的地方，但是生完孩子后就会体现出来。"

然后，王霞又对那位母亲说："如今和从前不一样了，年轻人越来越不注意这些细节了，但是老人家的经验往往要丰富得多，有您的提醒和照顾自然就会好很多。"

王霞的热情搭话和暖心提醒，让这对母女感到十分开心，就这样，三个人开始畅谈了起来。

作为即将成为母亲的女儿很开心地和王霞聊起了关于怀孕的身体状况以及产后会担心什么样的问题，王霞向那对母女细致阐述了自己的看法。

无意间，那对母女看到了王霞手中的产品资料信息和样品，于是便询问

王霞是在哪里卖妇婴产品。王霞告诉那对母女，这些妇婴产品都是从熟人那里拿过来卖的。

由于产品销售得很快，王霞开了一家网店，平常也会在朋友圈里推广产品和普及一些妇婴知识，让更多的妈妈了解关于孕育和育养婴幼儿方面的知识，让很多年轻妈妈更好地照顾宝宝。

王霞对那对母女说："如果你们想要多了解产品信息和关于抚养宝宝方面的知识，可以加我的微信或者直接进入我的网上店铺。"由于王霞提供的是对孩子有好处的知识，所以这对母女对王霞的妇婴产品十分感兴趣，于是留下了王霞的联系方式。

最后，那对母女成了王霞的准客户，并且将小区里的孕妇也介绍给了王霞，促成了很多产品的销售。

从上面的销售场景中，大家可以看出销售人员并未在一开始就推销产品，而是在介绍产品之前充分考虑客户的利益，从客户的需求出发，认真分析孕妇对妇婴产品的刚性需求，之后又用热情互动和真诚话语与客户建立友好关系，最后才顺其自然地向客户介绍自己的产品，使得产品的推销之路变得十分顺畅。

因此，销售人员在进行产品销售时可使用事先关心的方法，先稳住客户的心，不谈产品，而是说说给客户带来的好处，这样，客户就容易对销售人员产生好感，从而促成产品的销售。

> **小提示**：销售人员在使用这一方法时要注意抛出的利益应契合客户的需求，以客户的需求为准，主动对客户需求进行满足。只有精准地迎合了客户的需求，才能使产品的销售过程更加顺利。

1.7 封闭式提问预约时间："一点还是两点"

产品在大批量销售时，销售人员要去拜访客户，这时就需要销售人员成功预约到客户。但是事实上，客户在面对销售人员时常常会以各种理由拒绝，如"没时间""不需要"等，这就会导致销售人员不能与客户见面，产品的销售也就无从谈起。

针对这种情况，销售人员就可以使用封闭式提问的方式来和客户预约时间，如向客户询问"周一还是周三""一点还是两点"，让客户从自己的备选答案中选择，不给客户拒绝的机会，这种方式在预约客户时间中效果显著，销售人员常常使用。

刘峰是一家电器公司的销售员，他预约客户时常常"预约10次成功9次"，这都归功于刘峰使用了封闭式提问预约时间的方法。下面大家就来看一下刘峰的预约方法，以帮助大家更好地理解和掌握这种方法。

刘峰："王总，您好！我是××公司的销售员刘峰，您现在说话方便吗？"

王总："你说吧，什么事情？"

刘峰："是这样，我从网上了解到贵公司目前很需要××方面的产品，现在我们公司特意为您准备了一套产品方案，您看您什么时候有时间，我们见面聊一聊，可以吗？"

王总："不好意思，我现在很忙，没有时间，等过段时间再说吧。"

刘峰："王总，我知道您工作繁忙，作为项目的总负责人很不容易，但这件事情如果这周拖延的话，恐怕贵公司生产部门更有压力，您也知道现在经销商对产品催得很急。只需要20分钟，我保证这20分钟绝对会给贵公司带来真正的收益。我想您也愿意看到公司及时出货、顺利完成项目吧，您说呢？"

王总："好吧，不过我现在确实没时间，你周三再打电话确定。"

刘峰："王总，不如我们现在就约定个时间吧？周三下午的一点还是两点？"

王总："这我现在还不确定，因为我周三上午可能会出差，所以现在没法答复你。"

刘峰："这样吧，王总，我们暂时定在周三的下午两点，好吧？如果您确定出差，到时候我们再改时间。"

王总："好，那就暂时定在周三下午两点吧！"

刘峰："好的，非常谢谢您！周三我一定会准时联系您。如果您有什么问题，也可以随时联系我。"

刘峰就是运用这种封闭式的提问方式，让客户一步步将见面的时间确定下来的。客户其实一开始并不想和销售人员见面，但是销售人员用封闭式的提问方式成功引导客户跟随自己的思维进行思考，从而使客户很难拒绝自己的要求，最后便达到了成功预约客户的目的。

在这里需要提醒大家的是，虽然客户在面对这种方式的提问时常常会跟随销售人员的思路进行选择，但是也会出现客户不按常规、拒绝见面的情况。这时，销售人员就要另外想办法，留住客户的心，让客户愿意与自己见面，为产品的销售做好准备。

小·提示：封闭式提问预约时间的方法的核心是让客户不自觉地跟随销售人员的思路对时间进行选择。所以，销售人员在设定预约时间时应该尽可能为客户着想，这样，客户就能够从销售人员提供的时间中选出合适的时间，否则客户就会因为其他事情而拒绝见面。

📖 **情景测试**

情景测试 1：在电梯上遇到一位潜在客户时，如何向客户介绍你自己？
答案：＿＿＿＿＿＿＿＿＿＿＿＿＿＿＿＿＿＿＿＿＿＿＿

参考答案：你好，我是 ×× 公司的业务经理张朋，主做 ×× 产品，如果有空，现在可以免费体验。要点：（1）什么单位；（2）什么业务；（3）切入点。

情景测试 2：与客户约在咖啡厅见面，如何向客户介绍产品？
答案：＿＿＿＿＿＿＿＿＿＿＿＿＿＿＿＿＿＿＿＿＿＿＿
＿＿＿＿＿＿＿＿＿＿＿＿＿＿＿＿＿＿＿＿＿＿＿＿＿＿

参考答案：这款产品我用了一年多，感觉还可以。主要功效是保湿、美白、祛斑、除皱、抗衰。您看一下我使用前后的对比图片。要点：（1）营造真实感；（2）要点提炼；（3）道具。

情景测试 3：有位客户平时比较忙，怎么和她约见面时间？
答案：＿＿＿＿＿＿＿＿＿＿＿＿＿＿＿＿＿＿＿＿＿＿＿
＿＿＿＿＿＿＿＿＿＿＿＿＿＿＿＿＿＿＿＿＿＿＿＿＿＿

参考答案：要不约到周三吧？您看几点合适，正好我这有新品，给您带过去一份。要点：（1）给出具体日期，即使客户拒绝，也多会给出另一个时间；（2）精确时间；（3）小惊喜。

情景测试 4：如何向非计算机专业人员推荐需要下载的应用程序？
答案：＿＿＿＿＿＿＿＿＿＿＿＿＿＿＿＿＿＿＿＿＿＿＿
＿＿＿＿＿＿＿＿＿＿＿＿＿＿＿＿＿＿＿＿＿＿＿＿＿＿

参考答案：这是一款和 QQ 聊天相似的软件，但是只限于朋友之间的交流，能够免受陌生人打扰。要点：（1）寻找相似点；（2）寻找差异点；（3）解决的核心问题。

第 2 章
初次拜访：卸掉客户防备

在实际销售过程中，客户往往对销售人员抱有防御心理，认为销售人员会从自己的身上获取利益。如果在销售过程中客户一直存在这种心理，那么产品的销售就很有可能失败。所以，销售人员应该学习和掌握在初次拜访客户时让其卸下防备的知识和技能，这样才能让销售的过程更加顺利并且容易成功。

2.1 选择轻松的环境：咖啡厅、家中

销售人员在初次拜访客户时，选择的环境很重要。客户如果在接受拜访时处在一种轻松的氛围中（如轻松愉快的咖啡厅或自己的家中），就会感到身心放松，即使自己所见的人是陌生人，其心理防备也会大大减少。

科学研究表明，温馨和谐的环境能够让人们处于一种放松的状态，因此，轻松的环境可以让客户的身心得到放松，缓解双方的尴尬。在销售过程中，销售人员只有让客户有一种归属感、放松自身对外界的警惕，他们才能够和销售人员愉快地进行交流。在这种环境下，客户就会表现出更多的交谈意愿，说出自己的需求。

要注意的是，销售人员在打造温馨、舒适的环境和氛围时，要从细节入手。例如，高级餐厅会将环境设计得幽雅、舒适，有时还会邀请音乐家演奏小提琴，并且还会要求服务员的穿着赏心悦目、态度热情礼貌。这样，客户才能吃得舒服、吃得开心，在心中留下良好的印象。

与温馨放松的环境相对立，压抑、有约束力的环境会给人带来压迫感，在这样的环境下，人们常常会感到恐惧和压力。当客户面临这种环境时，很有可能会选择停止沟通来逃离紧张的氛围，导致销售的过程不能继续，使

产品交易失败。

所以，销售人员在初次拜访客户时要在环境的选择上做好功课，这样才能充分利用环境的暗示作用来放松客户的心情，让销售的过程更加顺利。

那么，销售人员在选择拜访客户的环境时需要注意哪些具体的方面呢？下面就为大家介绍挑选环境时应该注意的 5 个要素，如图 2-1 所示。

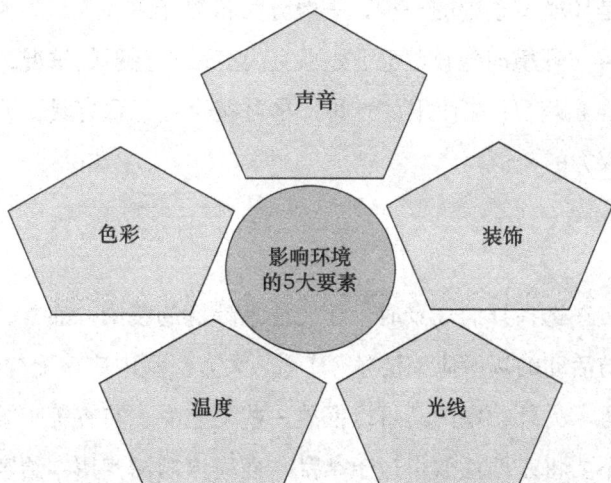

图 2-1　销售人员在挑选拜访环境时参考的 5 大要素

1. 色彩

色彩在环境的营造中起着非常重要的作用。人们将色彩分为冷色调和暖色调，其中冷色调会给人一种严肃、清冷的感觉，而暖色调则会给人一种温暖、放松的感觉。这样，销售人员就可以根据色彩的不同为客户营造不同的感觉。

销售人员在选择与客户交谈的环境时，要注意室内的墙壁、门窗、家具的色彩搭配，尽可能选择室内色彩搭配和谐一致的、陈设相对实用美观的，以给客户在视觉上留下比较开阔的空间感受。

2. 温度

温度也是环境评估的一大要素，适宜的温度能够让客户感受到温暖和放松，过高和过低的温度会让客户感到不适，进而影响双方的交谈。

所以，销售人员在选择拜访的环境时，室内最好有空调机和加湿器，把室内的温度与湿度都调节适宜，让客户感到比较舒适。最适宜的室内温度应该在 20 ℃ 左右，其相对湿度选择在 40 % ~ 60 % 最为合适。

3. 光线

光线也是环境要素中的一种，一般分为自然光源和人造光源两种。销售人员在选择拜访环境时应该注意：如果室内有阳光直射的情况，就要将窗纱拉上，避免强光刺目；在使用灯光时，尽可能合理配置灯具，使光线柔和一点，以方便双方的交谈。

4. 装饰

销售人员在选择拜访场景时，还要注意环境的装饰。通常，用于商务会谈和初次拜访活动的场所应该洁净、庄重、大方。室内应该配有整洁的桌椅、简洁的杯饰等。另外，室内还可以摆放一些工艺品、花卉等来柔和气氛。需要注意的是不要将东西摆放得过于杂乱，而应该简洁实用，给客户留下简洁大方的印象。

5. 声音

在双方交谈的过程中，最基本的要求是保持室内安静，这样才能使谈判顺利进行。在具体的细节方面，交谈的环境最好不要离马路太近、不要在施工场地附近，室内的门窗应该具备隔音效果，周围最好不要有电话铃声、人声等噪声的干扰，以便与客户的交谈能有一个安静的环境。

以上就是销售人员在拜访客户时应该注意的 5 大环境要素，只有具备了这样的环境，销售人员才能让客户在舒适的环境中自觉卸下防备，使双方的沟通和交流更加顺利。

小·提示：销售人员在选择环境时最主要的是让客户感受到放松。在布置或者选择时，多注意影响环境的要素，让客户处于轻松愉快的交谈环境中，促使产品销售过程顺利完成。

2.2　30 秒黄金定律：准备有特色的自我介绍

销售人员初次拜访客户一定会向客户做自我介绍。大多数销售人员都会以"您好，我是××，我们公司是××，我今天来拜访您是出于××目的"的句式进行自我介绍，但是这种介绍方式却是很普通的，没有亮点，所以，客户就不会对销售人员有比较深刻的印象。

本节为大家介绍一种非常有特色的自我介绍方法，即"30 秒黄金定律"。这一定律是指：销售人员在给客户递完名片后，客户会在 30 秒内用心倾听销售人员的讲话，因此，这 30 秒通常会决定销售人员整个拜访的成败。如果这 30 秒内能够引起客户的兴趣，那么接下来的拜访过程会顺利很多。

所以，在这 30 秒的自我介绍中，销售人员要从客户角度出发，站在他们的立场上去思考。比如销售人员需要考虑客户每天的事务都很繁忙，一天当中会有很多事情要处理，有很多人要接见，因此，如果销售人员的自我介绍过于普通，或者销售人员在递上名片时就滔滔不绝地介绍自己的产品和公司，就很难给客户留下好的印象，甚至会引起客户的厌烦。

销售人员要想初次拜访就获得成功，其正确的做法就是，在拜访客户前准备好具有特色的自我介绍，在向客户递名片的同时介绍自己，让客户对自己留下相对深刻的印象。

举例来讲，销售人员可以在 30 秒之内这样介绍自己："王经理，你好啊，很高兴认识你，这是我的名片。我叫范密，名字很容易记的，倒过来读就是'米饭'，很有趣吧？"当销售人员每次向客户这样介绍自己的时候，客户都会被他逗笑，与此同时，客户也对他留下了比较深刻的印象，牢牢记住了他的名字。

总之，销售人员要想在初次拜访时就卸掉客户的防备，就要抓紧这自我介绍的黄金 30 秒，在这 30 秒中将客户对自己的心理防备降到最低。这样，客户就能在心里对销售人员产生一定的好感，并且留下比较深刻的印象，这对之后的产品销售会帮助很大。

💡 **小·提示：** 销售人员在把握这黄金30秒时，应该注意找一些独具特色的自我介绍方法，能够让客户在脑海中形成一种记忆，从而使客户对销售人员产生一定的印象，使接下来的谈话能够说到客户的心里去，促成产品的销售。

2.3 暖场寒暄：谈论天气与自然环境

暖场寒暄是销售人员必备的技能，销售人员切记不要一见到客户就向其直接介绍产品和公司，这样客户就会感到十分厌烦。所以，销售人员要懂得暖场寒暄，这样才更容易让客户接受。

心理学上有一种说法，即人在接触陌生人时的第一反应是防备。所以，销售人员在初次拜访客户时就需要对客户的这种防备心理有充分的准备，以降低客户的防备为主。首先，将见面的场面进行暖化，快速拉近与客户的距离，降低或消除客户的防备心理，从而让客户对自己及产品降低成见，容易接受销售人员的产品展示和介绍。

在实际的销售过程中，销售人员应该懂得换位思考，在初次见面时应该以一些无关紧要的事情作为寒暄，打开客户的话匣子。最为经典的寒暄话题就是天气和自然环境，销售人员可以自然地与客户谈论当前的天气，如"今天的阳光真是好呢""这两天雾霾天气明显减少了""您的办公室真敞亮"等话题，这些看似无关紧要的话题其实能够发挥很大的用处。

研究发现，如果人们愿意与陌生人谈一些无关紧要的话题，他们的幸福感就会增加，因为这样的谈话是轻松、愉快、没有压力的，所以人们在这种场景下就会呈现身心放松的状态。因此，当客户听到销售人员以天气或自然环境为聊天内容时，就会在心理上减少对销售人员的防备，对销售人员会比较友好。

因此，销售人员应该做好拜访前的准备工作，即找好寒暄的话题。需要提醒销售人员注意的是，在与客户寒暄时，销售人员应该结合当时的实际情况，还要找一些客户愿意谈论的话题进行寒暄。如果当时的天气并不好，就不要以天气为话题进行交谈，否则会影响双方的心情，不利于销售人员和客户接下去的产品交流。

> 💡 **小·提示**：暖场寒暄是销售人员初次拜访客户时必须准备的工作，销售人员要对其充分重视。另外，暖场寒暄的时间不宜过长，一般以 1 ~ 2 分钟为宜，等到客户在心理上放松后，销售人员就可以开展产品的介绍和展示了。

2.4 兴奋度话题：公司、家人、身体健康

在初次拜访中，销售人员找到具有兴奋度的话题可以在一定程度上消除双方之间的隔阂，卸下客户对销售人员的防备。如一些关于客户的公司、家人或身体健康等方面的话题，这些都是人们普遍关心的，能够调动客户的兴奋度，更加有利于双方的交流，拉近彼此间的感情。

江苏一家化工设备工厂有两位新到的销售员李杰和向南，经理同时分配给他们一个任务：分别去拜访客户，推销公司的产品。

李杰到了客户的家里，并没有进行话题的预热，也没有过多的寒暄，他见到客户后一开口就说出自己的推销目的，想要客户购买他推荐的产品，并口若悬河地说自己商品的质量非常好且很实用，如果客户不购买会很遗憾等。

在介绍产品的过程中，客户全程保持沉默。等到李杰说完，客户就毫不客气地对他说："不好意思，我想您的产品虽然好，但是并不适合我。"简单的一句话，就让李杰半天的工作都白做了，李杰费了许多口舌却换来了徒劳无功的结果。

事实上，大部分销售人员都非常关心自己产品的销量，但是如果销售人员一味夸赞自己的商品多么优良，不管客户是否对自己所说的话题感兴趣，就只能让客户认为这是王婆卖瓜——自卖自夸。销售人员没有考虑客户是否适合、是否喜欢，不能给客户足够的关心和重视；客户也只是将销售人员看成做工作的工作人员，对其没有任何情感因素的考量。

而另一位销售员向南和李杰的做法不同，他特别注意照顾客户的感受，在与客户沟通和交流的过程中，会挑选出很多客户感兴趣的事情，将客户的

兴奋度调动起来，使双方谈话的气氛调到最好；等到合作气氛和条件成熟之后，再和客户谈产品选购的事情。下面大家再来看一下销售员向南的销售过程。

销售员向南到了客户的家里后，首先并没有急着推销，而是像朋友一样与客户闲聊起来。他暗暗地观察客户家里的家具布置，猜想客户的生活喜好和消费品位。期间，他和客户谈及了许多有关客户公司、家庭情况等看似无关紧要但是能够调动起客户兴奋度的话题。之后他还陪客户家的小孩做了游戏，他们相处得很开心，客户的小孩似乎已经喜欢上了这位叔叔。

之后向南在向客户介绍自己的商品时，先询问客户喜欢的款式、需要的档次，并仔细地为客户分析商品能够给客户带来多少潜在的利益，例如会给客户省下多少开销等。

最后他在确定客户的购买意向后，并没有急着把自己的商品卖给客户，而是告知客户：公司最近会推出一款新机型，更加适合客户的要求，希望客户可以等一等，自己过段时间再来。

向南的行为打动了客户的心，因为他站在客户的角度，切实为客户着想，关注了客户的生活需要，使客户的利益得到满足，结果是客户一家人都很信任他。当他再次来到客户家中的时候，还给客户的小孩带了一些小礼物。客户像接待老朋友一样接待了他，并且非常乐意购买他的新产品。最后，这位客户一直与他保持联系，成为了他的老顾客，并且还介绍了很多生意给向南。

从上面的销售案例中大家可以看出，客户与销售人员相处时会有一定的安全距离。如果销售人员在初次拜访客户时一见面就介绍产品，将自己的目的非常明确地告诉客户，就很容易引起客户的反感；反之，销售人员找一些与客户相关的话题，充分调动起客户的积极性，就能够让客户减少或抵消一部分抵触心理，从而让双方的交谈更加顺畅和高效。

> **小·提示**：销售人员在与客户谈及兴奋度高的话题时应该注意客户的隐私问题，不能对客户的公司、家人以及健康问题进行过深的谈论，否则容易引起客户的警惕，对产品的销售起到相反的效果。

2.5　寻找共鸣：围绕客户的兴趣爱好

销售人员初次拜访客户，寻找共鸣也是卸掉客户防备的有效方法。销售人员在销售过程中需要围绕客户的兴趣爱好与客户进行交谈，以便引起客户的共鸣，让双方的谈话处在同一个层面上，使产品介绍和产品展示更加顺利，把话说到客户的心里去，进而促成产品的销售。

在实际的销售过程中，对客户的兴趣和爱好可能需要一定的时间来掌握，所以，在拜访客户之前销售人员应该主动通过其他渠道进行一定的了解，这样才能准确找出与客户谈话的共鸣之处，使双方之间的交流更加顺畅和高效。

高峰是一名汽车销售人员，他在一次大型汽车展示会上结识了一位名叫汪磊的潜在客户。通过与潜在客户的交谈，以及对其言行举止的观察，高峰分析这位客户对公司的越野型汽车颇有兴趣，而且他购买产品的潜力很大。

在展示会结束后，高峰也曾经给汪磊打了几次电话，可是客户都说自己工作很忙，没有兴趣去看车。

面对这样一个潜在客户，高峰当然不会轻易放弃。后来又经过多方打听，高峰得知这位客户酷爱健身，周末经常和朋友一起到健身房锻炼身体。于是，高峰在网上查找了大量关于有效健身的资料，并对周边地区所有著名的健身场所都进行了深入的了解，而且还掌握了一些健身的基本功。

三天后，高峰再一次给汪磊打电话，这次他对销售汽车的事情只字不提，只是告诉客户自己"无意中发现了一家设施特别齐全、环境十分优美的健身馆"。到了周末，高峰果然很顺利地在那家"无意中"发现的健身场馆见到了客户，并抓住了与客户交谈的机会。在谈话中，高峰和客户大多谈论健身方面的事情，他对健身知识的了解让那位客户迅速对其刮目相看，客户不禁大叹自己"终于找到了知音"。

在回来的路上，客户还主动告诉高峰自己很喜欢驾驶装饰豪华的越野型汽车。这时，高峰抓住销售时机，告诉客户："最近，我们公司刚上市一款新型的豪华型越野汽车，这款汽车是目前市场上最有个性和最能体现个人品位的越野汽车，它的……"就这样，高峰利用客户的兴趣爱好与客户拉近了距离，使得双方的交流非常顺利，其销售结果大家可想而知。

从上面的销售案例中大家就能发现，销售人员为了与客户拉近距离，围绕客户的兴趣爱好做了很多准备工作，以客户的兴趣爱好作为双方感情的交流点，寻找两人之间的共鸣，使得客户对销售人员产生好感，并且让客户与自己有了进一步交谈的兴趣。在这个时候，销售人员再向客户进行产品的介绍，就能够很顺利地拉近双方的距离，便于产品的详细展示，从而使客户对产品产生兴趣，促成产品的销售。

既然销售人员能够通过客户的兴趣爱好与客户产生共鸣，那么销售人员在准备阶段就应该做以下工作。

1. 多方收集客户信息

销售人员要想与客户产生共鸣，首先就要收集客户的信息。收集的信息一定要全面和准确，这样，销售人员才能在谈话中有更多使客户感兴趣的话题。比如，销售人员可以首先从客户的工作、家庭和兴趣等谈起，不仅能活跃沟通气氛、增加客户对销售人员的好感，还能收集到客户需求，使产品的销售更有针对性。

2. 多谈客户的兴趣和爱好

科学研究表明，人们喜欢谈及与自己相关的话题，尤其是自己感兴趣的事物或话题。所以，销售人员在与客户进行交流的过程中，要多谈及客户的兴趣和爱好，这样，销售人员才能将话说到客户的心里，客户也才能对销售人员产生好感，进而拉近双方的距离，促成产品的销售。

3. 共同爱好产生共鸣

人们总是青睐与自己相同的人或事，这是一种很明显的群体意识。在销售过程中，当销售人员向客户展现自己的爱好与客户相同时，客户就会不由自主地想与销售人员靠近，在心理上也会对销售人员产生信赖和喜爱。所以，销售人员在与客户交谈中应该从多个方面告知客户自己的爱好与之相同，这样，客户就会将销售人员的话听进心里去，从而拉近双方的距离。

💡 **小·提示**：销售人员在使用这一方法时，应该紧紧围绕客户的兴趣和爱好做准备工作，在与其交谈的过程中，销售人员也要不露痕迹地告知客户自己的兴趣爱好，让双方的兴趣爱好重合，在不经意间消除客户的心理防备，将话说到客户的心里。

2.6 赞美客户：办公环境、业务、产品、孩子

赞美客户也是销售人员在初次拜访客户时卸掉客户防备的一种有效方法。在日常的生活中，赞美他人能够让双方的感情更加稳固，同样，赞美在销售过程中也发挥着重要的作用。

初次拜访客户时，销售人员如果能够恰当地对客户进行赞美，就能够让销售的过程更加融洽，进而使客户的身心得到放松，更有利于产品的营销。在选择赞美的话题时，销售人员可以从客户的办公环境、业务、产品或家庭入手，从一些具体的"点"对客户进行赞美。

如在赞美客户的办公环境时，销售人员可以对客户说："您这办公室真敞亮，装修得大气美观，一看您就是个爽快人。"在赞美客户的业务时，销售人员可以说："早就听闻贵公司在行业内的销售业绩惊人，今日来到贵公司，感觉果然如此啊，真是羡慕贵公司啊。"在赞美客户的产品时，可以用"贵公司的产品我曾亲身试用过，感觉非常好用，那效果可以说是行业中的珍品了"。

以上就是销售人员面对初次拜访的客户时赞美客户的一些话术，销售人员可以在这一基础上根据实际情况调整赞美的语言，以便将话说到客户的心里去，减少或消除客户对销售人员的防备，促进双方的感情，营造良好的产品营销气氛。

销售人员在赞美客户时，除了要将语言组织好之外，还要学习一些赞美的方式和方法。学习和掌握了这些赞美的方法，就能够把赞美的话更好地说到客户的心里去。

1. 寻找与客户相关度大的话题

人们总是更关心和自己相关的话题，所以，销售人员在赞美客户时，需

要从客户周围寻找赞美的话题点，如上面列举的客户的办公环境、客户公司的业务、产品或孩子等话题。以这些与客户相关性较大的话题作为赞美的出发点，就能够让客户更容易接受自己的赞美，并显得自然而真诚，这便于双方之间消除戒备，增进感情。

2. 善于发现客户身上的闪光点

在赞美客户时，销售人员首先应该寻找客户的闪光点。客户身上的闪光点一定是他自己最为得意的地方，如果能对客户身上的闪光点进行赞美，就更能让客户欣然接受自己的夸赞。

举例来讲，如果客户非常注意头发的保养，销售人员再次拜访客户时，就可以对客户说"您的头发又见光亮细腻了"，这样，客户会非常开心，一方面感觉有人关注自己的变化，另一方面又感觉到自己的努力没有白费，果然受到了别人的赞美，自然就将销售人员视为知己。

3. 赞美时不要过多涉及隐私问题

销售人员在留意客户的信息时，虽然对客户有相对详细的了解会更加有利于自己的销售，但需要提醒大家的是，不能过多地涉及客户的隐私。如果客户知道了销售人员过分关注自己的隐私，就会感到非常不舒服，甚至会怀疑对方不怀好意。

因此，销售人员在关注和搜集客户的资料时，需要把握好分寸，在合适的范围内对客户进行赞美，以此来赢得客户的青睐。

> **小·提示：** 赞美的真谛是让对方感受到自己的诚意，因此，销售人员在赞美客户时一定要表现出真诚，用心去赞美客户，从而让客户有发自内心的喜悦，其自然就会卸下对销售人员的防备，与之愉快地交流。

2.7 话题拓展：时事、社会、生活

销售人员要想在初次拜访客户时卸掉客户的防备，除了上面的一系列方法外，对谈话的内容进行话题拓展，适时地和客户谈论时事、社会、生活，

也会起到非常好的效果。

以主要销售卫生产品的销售人员为例。2017 年 1 月 12 日，新华社消息称：湖南省确诊一例人感染 H7N9 流感病例。患者姚某某，男，益阳沅江市人，59 岁，有禽类接触史。目前，患者病情危重，医院方面正组织专家积极对患者进行救治。与患者密切接触者均未出现发热、咳嗽等流感样症状。

以上是一则典型的社会生活新闻。如果销售人员销售与卫生相关的产品，并且能够多关注这些新闻，那么在与客户交谈的过程中，销售人员告知客户要注意自身安全，并且向客户说明自家的产品能够有效消毒，预防疾病发生，就能够取得显著的销售效果。

舒肤佳就在营销中特别关注了社会生活时事。早在 2013 年 H7N9 禽流感疯狂来袭时，舒肤佳就借 10 月 15 日第六届全球洗手日与国家卫计委相关部门携手开展了“正确洗手，同享健康”的主题公益活动。

在活动现场，主办方邀请国家卫计委有关宣传负责人，以及全球洗手日推广大使向公众介绍正确洗手的知识。另外，中国儿童网络社区——淘米网赛尔号平台还开发了儿童在线游戏及视频“全勤除菌总动员”，让小朋友们在游戏娱乐中学习正确洗手的知识。

在这一系列的活动中，舒肤佳的“正确洗手，预防 H7N9 禽流感”理念得到了广泛传播，其产品销量和市场占有率也节节攀升。

这就是时事与社会生活对于产品销售的巨大影响力。同样的道理，如果销售人员主动在生活和工作中多关注与产品有关的社会生活信息，就能够在与客户的谈话中自然提及，一方面增加与客户交谈的内容，另一方面会使客户主动关注与消息相关的产品。

所以，销售人员要想成为一名优秀的销售，就要学着做一个信息收集的高手，多关心社会的变化，多搜集与产品有关的信息，这样才能让双方谈话的内容更加充实和有效。

> 小提示：销售人员在搜集信息时不能盲目搜集，要明确搜集信息的目的是产品的销售，所以，谈话内容中的拓展话题必须和产品相关。

📖 **情景测试**

情景测试 1： 在客户家里为其介绍产品时，客户的 6 岁女儿反复来打扰。你作为业务人员应该怎么说？

答案：＿＿＿＿＿＿＿＿＿＿＿＿＿＿＿＿＿＿＿＿＿＿＿＿＿

＿＿＿＿＿＿＿＿＿＿＿＿＿＿＿＿＿＿＿＿＿＿＿＿＿＿＿＿＿＿

参考答案：你们家宝宝好可爱哦，几岁了呀？ 要点：（1）认可打扰的合理性；（2）寻找关于孩子的话题；（3）再次切回主题或另约时间。

情景测试 2： 客户远道而来，又是初次见面，应该如何寒暄？

答案：＿＿＿＿＿＿＿＿＿＿＿＿＿＿＿＿＿＿＿＿＿＿＿＿＿

＿＿＿＿＿＿＿＿＿＿＿＿＿＿＿＿＿＿＿＿＿＿＿＿＿＿＿＿＿＿

参考答案：来这里多长时间啦？ 还住得惯吗？

情景测试 3： 客户是一位爱美的女性，但是长得并不漂亮，应该怎么说？

答案：＿＿＿＿＿＿＿＿＿＿＿＿＿＿＿＿＿＿＿＿＿＿＿＿＿

＿＿＿＿＿＿＿＿＿＿＿＿＿＿＿＿＿＿＿＿＿＿＿＿＿＿＿＿＿＿

参考答案：您的发质真好，平时很注重保养吧？ 要点：赞美要有度，再糊涂的客户也能识别口是心非。当整体不好的时候，我们可以从局部赞美着手。

情景测试 4： 客户喜欢看电影，自己与其在这个话题上聊了很长时间，发现无话可说了，应该怎么说？

答案：＿＿＿＿＿＿＿＿＿＿＿＿＿＿＿＿＿＿＿＿＿＿＿＿＿

＿＿＿＿＿＿＿＿＿＿＿＿＿＿＿＿＿＿＿＿＿＿＿＿＿＿＿＿＿＿

参考答案：您身材这么好，平时经常运动吧？ 要点：引导客户讨论其他类型的话题。

第 3 章
关系营销：不同客户不同应对

在销售过程中，销售人员会遇到多种多样的客户，而不同的客户所表现出的特点会不同。为了使销售的过程更加顺利，在面对不同客户时应该使用不同的应对方法。

3.1 理智型：讲优劣两面性

理智型客户的特点是对待产品和销售人员都能够保持自己的理智，不容易感情用事，他们一般不会出现乱消费和感情消费的行为。所以，销售人员在应对这类客户时需要用同样理智的头脑向其介绍和推销产品，最核心的销售方法就是向其讲解产品的两面性，让客户自己理智分析产品的优劣，从而促成产品的销售。

邵星宇是济南一家大型家具城的销售员。一个周六的下午，一位年轻女士长时间在办公座椅区徘徊。过了一段时间后，这位女士问邵星宇："这些办公椅的价格一样吗？"

邵星宇扶着其中一把座椅说："您好，不是这样的。这把办公椅是 299 元的，而旁边那一把是 699 元的。您到旁边的沙发上坐下来，我可以详细地向您介绍一下。"

客户回答："不用了，我今天过来只是先看看。我看这两把椅子表面上差不多，怎么价格相差这么多啊？"

从客户的回答上看，销售员邵星宇就可以初步判断出这位客户是一位偏向理智型的客户。这时，邵星宇就向其讲解了这两款产品的优劣两面性，他说："也许这两把椅子从外观上看着相似，但这里面涉及的产品质量、价值不一样。我请问您一下，您是想要质量好的还是差一点的呢？"

客户回答："当然是质量好一点的。但是那把贵的椅子质量好在哪里呢？"

邵星宇微笑着对客户解释："那把699元的办公椅内部安置了上百条弹簧，人坐上去后，一开始会感觉有些硬，但是因为它是依据人体结构进行设计的，能够解决人久坐后易感觉疲倦的问题。另外，弹簧的数量还保证了座椅能够长期使用不变形，不仅不会影响人们的坐姿，还可以矫正人们的错误坐姿。对常坐办公室的人有非常好的脊柱保护效果。"

邵星宇说完这些，他发现客户还是有些犹豫不决，就继续向客户介绍："其实这把299元的座椅也不错，只是座椅的质量和功效没有那款699元的好，为了身体健康，您多花几百元钱也是值得的，您说是吧？"

客户在听了邵星宇的产品介绍后，还是理智地思索了几分钟，并做出了购买那把699元的座椅的决定。

从上面的销售场景中大家可以看出，理智型的客户选择产品时常常有自己的想法，他们善于用自己的经验和知识进行产品的分析，所以，销售人员在进行产品介绍时，就只需要对其介绍产品的优劣，让客户自行判断。

在具体介绍时，销售人员应该将产品的性能、质量、性价比等信息较为全面地向客户进行介绍，在这个过程中可以适当突出产品的优势和特点，让客户参考销售人员介绍的详细产品信息来对产品进行判断和选择。这样，才能征服这类客户的心，让理智型的客户自愿掏钱购买产品。

> **小提示**：销售人员在面对理智型的客户时，除了要向其讲清楚产品的优劣两面性外，还要注意产品介绍的方式和方法，最好是多介绍产品的优势和不可替代性，少提一些产品的缺点，这样才能突出产品的购买价值，让客户心甘情愿地购买产品。

3.2 顽固型：耐心解释，礼貌引导

顽固型的客户在销售过程中也十分常见，这类客户通常掌控能力很好，他们对事物有固定的看法和见解，不会轻易改变自己对事物的认知。而且这类客户通常在公司中担任重要职务，能够对将要发生的事情进行较为准确的

预估和掌控。

在实际的商业交易中，这类客户即使出现了错误，他们也会死守自己的观点，有时还会强迫他人接受其观点。销售人员在与这类客户接触时要懂得尊重客户的意愿，在做完产品的展示和介绍之后，给客户留下一些时间去思考，让他们对整个产品的购买进行评估和掌控，以便满足他们对事物的掌控欲。这样，才能让客户在销售过程中真正掌握主动权，让其对产品和销售人员产生好感，以便双方更为顺利地签订产品销售订单。

需要提醒大家的是，销售人员在应对这类客户时，最好不要和他们争论。如果客户对产品有误解，销售人员可以在听完客户的详细描述之后，对客户的误解进行简要解释。如果强行与客户进行争论，就会在心理上对客户的自尊心和权威形成挑战，不管争论的结果是输还是赢，客户都不会再与销售人员谈论产品订单，这样，销售人员就错失了自己去拜访客户的最终目的，交易也就达不成了。

因此，销售人员不要与这类客户进行争辩，而是用事实来证明自己所要表达的观点，如让他们用最实惠的价格买到他们最想要的商品等。这样，就可以很好地与之相处、完成自己的销售任务了。

销售人员在销售过程中应该按以下各点应对这类客户。

1. 迎合客户的说法

首先要迎合客户的说法。顽固型客户很有可能是公司老总或者负责人，他们的地位使他们拥有超强的主观意识，常常在交谈中以自我为中心。因为销售过程中的交易决定权掌握在他们手里，所以销售人员与这种客户打交道时，必须满足他们的控制欲，迎合他们的说法，让他们有被尊重的感觉。

2. 耐心解释产品

顽固型客户通常很自信，很难改变他们固有的想法，对于销售人员的意见或建议，他们不会轻易接受。销售人员一定不要操之过急，顽固型客户的观念根深蒂固，一时半会儿是不能改变的。要使他们接受你推销的产品，必须一步一步对产品进行说明，耐心解释，给他们充分的理由相信你的观点，促使他们改变一些看法。

3. 摆事实讲道理

对待这类顽固型的客户，销售人员还要学会摆事实讲道理。即使自己的观点出现错误，这类客户也常常会死守自己的观点，而且他们还会强迫他人接受其观点。对待这样的客户，不与客户争辩，用事实证明自己所要表达的观点，让他们用最实惠的价格买到他们最想要的商品。这样，便可以很好地与之相处。

4. 基本礼貌不能少

这种顽固型客户最在意的是自己的自尊，他们将销售人员的礼貌作为是否购买产品的重要参考标准之一。如果销售人员能够在这类客户面前表现得彬彬有礼，让客户感受到被尊重、被重视，就可以在很大程度上收获客户的好感，从而促成产品的交易。

> **小·提示**：销售人员在应对顽固型客户时，一定要谨记不能与之发生争辩。有的销售人员试图用自己的观点来影响客户的观点，这种做法是万万不可取的。最佳的应对方法就是对客户耐心礼貌地进行引导，让客户自己改变对产品的看法，从而促成产品的销售。

3.3 冲动型：语言简洁，避免重复唠叨

冲动型的客户也是销售过程中常见的一类客户，这类客户的性格往往比较急躁，他们在处理事务时，身心常常处于相对紧张的状态，所以他们的想法会时刻发生改变，从某种意义上说，这类客户是不折不扣的行动主义者。

因此，这类客户做事是比较干脆利落的，他们不喜欢啰唆，甚至认为啰唆的销售人员会浪费他们宝贵的时间。应对这类客户，销售人员应当迅速提供回应，运用简洁的语言，尽量避免重复的唠叨，尽可能压缩客户等待的时间，及时给予他们产品的回馈，并给他们提供一直在寻找的信息，让这类客户感受到销售人员也是比较爽快的，就更能拉近与客户之间的关系，从而促

成产品的销售。

王涛是上海某家电公司的营销经理。有一天，公司举行了大型促销活动。

一位客户刚走进店里，看见王涛就说："我家里的空调坏了，你给我介绍一款新空调吧。"

王涛问："您想要一台什么样的空调？"

客户："我也不确定，你给我介绍就行。"

听了这话，王涛判断他是一位冲动型客户，于是，王涛把客户带到一台新款空调面前，简单明了地向他讲了这种款式的各种功能和新颖之处。在王涛介绍产品时，客户一副不耐烦的样子；王涛一说完，客户当即决定购买此款。

客户即将付款时，他的朋友打电话告诉他，有一家卖的空调比这里便宜，客户马上就反悔了："我还是不要了，朋友跟我说别处的空调比这里便宜很多。"

王涛马上意识到危机，当下对客户说："先生，请留步，我们这里也有更便宜的空调，您看这几款都是，但是区别很大呢！"

客户："有什么区别？"

王涛回答说："前一款是……，这些……"

王涛重点讲解了几款空调的异同，突出了前一款的与众不同，然后对客户说："从空调的性价比来看，我给您介绍的那一款绝对最高，您自己应该也有判断。"

客户听完王涛的讲解，考虑了一下说："好的，这款空调我买了。"

从上面的案例中，大家可以看出冲动型的客户在购买产品时所花费的时间较短，他们最喜欢的就是做事爽快的人，如果销售人员对他们拐弯抹角，会引起他们的反感。所以，销售人员不能使用时间战术来消耗客户的耐心，最好的方式就是开门见山，直接进入正题。

当销售人员在与客户见面时，就要立即用简洁的语言讲清楚自己的意图和产品，对产品的主要功能、特色以及对于客户未来生活的影响都要分条叙述，简洁清晰地呈现在客户的面前，不说废话。这样，客户就会非常爽快地下单，在最短的时间内完成产品销售订单的签订。

3.4 傲慢型：尊称头衔，附和言论

傲慢型的客户在销售过程中也很常见，这类客户的特点就是对人比较傲慢，将自己放到其他人之上。他们通常不会考虑别人的感受，从而在购买产品的过程中表现得颐指气使。销售人员在应对这类客户时，最重要的就是让这类客户有被尊敬、被优待的体验。

在实际的销售过程中，即使这类客户出现了错误，他们也会死守自己的观点，有时还会强迫他人接受其观点。

因此，对待这类客户，销售人员要做的就是不与客户进行争辩，从侧面让客户了解产品的事实，以此来证明自己所要表达的观点，如对他们使用礼貌用语或者多附和他们的言论等，让客户感受到被尊重、被优待。这样，客户就能对销售人员产生好感，更容易促成产品的销售。

销售人员："欢迎光临，很高兴为您服务。"

客户："嗯，我过来看看首饰。"

销售人员："您这边请，您是看项链还是看手镯呢？"

客户："都看一看。你们这里首饰就这些吗？没有更多的款式吗？"

销售人员："是这样的，女士，这些都是普通的金饰，还有一些没有摆上来，您要看一下那些吗？"

客户："嗯，我看这些首饰都不怎么样，没有我家里的好看，你快把新款的首饰拿上来吧。"

销售人员："好的，一看您就是有品位的人，这些首饰真的不配您。请问您贵姓啊？"

客户："免贵姓王。"

销售人员："王太太，从您进店的时候，我就看您的气质非凡，早就给

您准备好了最新款的产品, 您看看这些。"

客户: "这些金饰还可以, 不过和我原来买的首饰比还差一些。"

销售人员: "您的眼光真高, 不如您看看我们店的镇店之宝。这套首饰是国际知名设计师历时三年打造的经典系列, 无论是所用的材料还是款式, 都体现着高贵和奢华, 让人一眼看上去就能沉迷于它的美, 您看怎么样?"

客户: "这款太漂亮了, 我喜欢。"

销售人员: "说实话, 其他客户来的时候我都不介绍这一款, 我是看您的气质与这款首饰特别相配, 所以才推荐给您的。那么, 现在我给您包起来?"

客户: "嗯, 包起来吧。"

从上面的销售场景中大家可以总结出应对傲慢型客户的方法。

1. 多用礼貌用语

这类客户在购物的过程中常怀有一种照顾商家生意的心理, 认为自己购买产品就是在帮助商家, 所以将自己的位置摆得非常高。在销售过程中, 他们需要被尊重的感觉。所以, 销售人员应该多用礼貌用语, 如 "您" "谢谢" 等, 给客户营造一种被尊重的感觉, 进而将话说到客户的心里去, 让客户愿意购买产品。

2. 尊重客户的意愿

在做完产品的展示和介绍之后, 给客户留下一些时间去思考, 让他们对整个产品的购买进行评估和掌控, 以便满足他们对事物的掌控欲, 这样才能让给客户真正在销售过程中掌握主动权, 让其对产品和对销售人员产生好感, 以便双方更为顺利地签订产品销售订单。

3. 附和客户的言论

在销售过程中, 销售人员应该多附和客户的言论, 尽可能避免与客户发生争辩。如果客户对产品有误解, 销售人员可以在听完客户的详细描述之后, 对客户的误解进行简洁的解释。如果强行与客户进行争论, 就会在心理上对客户的自尊心和权威形成挑战，这样，交易自然就会落空。

所以，为了迎合这类客户的需求，销售人员就要学会察言观色，在交谈的过程中多对客户的言论进行附和，让客户有被服务的体验。这样，客户在心理上就会对销售人员产生好感，从而促成产品的销售。

> **小提示**：应对傲慢型客户时，销售人员的核心工作就是让客户有被尊为上宾的体验。所以，销售人员应尽可能地多迎合客户的观点，顺着客户的话说，让客户在销售过程中有满足感，从而购买相关的产品。

3.5 挑三拣四型：讲事实，少谈题外话

挑三拣四型的客户在实际的销售过程中也很常见，这类客户对事情总是持怀疑的态度，喜欢挑商品的毛病，这种情况在成交时尤其突出，客户会对自己选择该产品是否正确表现出不信任的感觉。

通常，挑三拣四型的客户比较不易控制自身的情感，而且他们还常常存在一种逆反心理。如销售人员好言相劝时，他们就会向销售人员发发牢骚，冷嘲热讽，甚至莫名其妙地找些麻烦等，从而寻求一种心理上的平衡。

事实上，顾客的挑剔、埋怨，在绝大多数情况下都是一种借口，那些借口并不会影响他们购买的欲望。因此销售人员不要太在意顾客的牢骚，将这类客户的挑剔和找借口当成一种正常的购买行为，用讲事实、少谈题外话的方法来应对这类客户，从而促成产品的售卖。

王娇是一家化妆品专柜的销售人员，她通过多年的销售积累了一套应对挑三拣四型的客户的有效方法。

王娇："您好，请问您是要购买化妆品吗？"

客户："是啊，今天过来看看。"

王娇："我给您介绍一下这套化妆品吧，这是一件套装，包括洗面奶、保湿水、润肤乳和精华。"

客户："我不需要精华啊，精华我现在还用不着。"

王娇："这样啊。那我给您介绍这款，这款没有精华，多加了一瓶睡眠面膜。"

客户："这样啊，我感觉精华比睡眠面膜好。"

王娇："那这款呢？精华和面膜都有，就是价钱贵一点。"

客户："不行啊，我今天没带那么多钱。"

这时，王娇就基本可以感觉到这位客户就是挑三拣四型的客户，给她介绍哪一款她都能挑出毛病。王娇就对客户说："我再给您介绍这两款，一款是……另一款是……现在这五款都给您介绍完毕了，您可以从中选择一款适合您的。"

客户："没有了啊？就这五款啊？"

王娇："现在就这五款，包含了所有功能的化妆品，其功效和质量都是行业中最顶尖的。"

客户："那我再看看，考虑考虑。"

王娇："您就快点做决定吧，您喜欢哪一款单品，我也可以为您组合成套装，这样可以吧？"

客户："好吧，那我就要这一款和那一款。"

从上面的销售场景中大家可以看出，在应对挑剔的客户时，摆事实、精简双方的对话才是使产品快速成交的有效方法。那么，在这一过程中，销售人员要用如下方法来应对这类客户。

1. 先发制人，第一个提出问题

如果发觉客户属于挑剔型的，销售人员最好提前把客户可能会提出的问题指出来。这种先发制人、获得主动权的方法，避免了客户对产品不满而引起的争论，而且还表现了销售人员的善解人意，以及为客户着想的优秀品质。这样，客户会不好意思再挑剔，并对销售人员产生信任感，从而成功达成交易。

2. 拖延回答问题，岔开话题

有时，挑剔型客户会打断销售人员的介绍，直接提出疑问。这时销售人员若是回答了客户的问题，就会变得被动，影响成交。销售人员应该采用拖延法，说："如果您不介意，我稍后回答您好吗？"然后，销售人员继续介绍产品，在介绍中有效地解答客户的疑虑。其实，拖延回答客户的问题有些不礼貌，使用时一定要谨慎，并把握好分寸。

3. 利用产品的相关信息，转移客户注意力

当销售人员遇到挑剔型客户挑剔产品的某一问题时，可以运用资料或产品的另一特点来转移客户的注意力，使其不再关注他挑剔的点。例如，当客户挑剔指责产品时，销售人员可以说："先生，请您看看说明书。"同时递上相关资料。或者拿出其他产品让客户挑选比较，以转移客户的注意力。

4. 顺应客户，承认产品有一定瑕疵

客户挑剔产品时，会表示出拒绝的意思，这时，销售人员要顺着客户拒绝的话说。例如，当客户嫌弃产品价格太贵时，销售人员应该这样回答："是啊，您说得对，名牌产品都是这样的啊！"如此，客户就不会继续在此事上深究下去。

以上就是销售员在面对挑剔型客户时的方法。这些方法在使用时最重要的是让客户了解到产品虽然不完美，却是他所面临的最完美的选择。如果销售人员真的做到了有效解说，这类客户也不会再过于挑剔，而是顺利买下产品。

> **小·提示**：销售人员在面对挑三拣四型的客户时，最核心的应对方法就是讲事实，不谈与产品无关的话题。其具体的应对方法是上面的四种，大家要根据实际情况，对其进行灵活运用。

3.6 斤斤计较型：强调折扣、赠品、性价比

斤斤计较型的客户在实际的销售过程中也很常见，这类客户往往对与产品相关的所有东西都能够发现瑕疵，对任何事物都爱计较。针对这类客户，销售人员需要学会掌握一定的应对手段，在销售的过程中可以向客户强调产品的折扣、赠品或者是用强调性价比的方式来获取客户的好感，从而顺利实现产品的销售。

下面大家来看一下在实际的销售过程中，销售人员对待斤斤计较型客户

所用的话术和方法，学习一下其中的应对法则。

朱越是一家大型商超市场的销售人员，他所负责的产品是几款新型的冰箱。由于出色的业绩，朱越在年底的时候被评为优秀销售员。他在面对斤斤计较的客户时有一套自己的做法，在面对这样的客户时，他常常用强调折扣、赠品、性价比的方式来对客户进行说服，这样就能够使客户增加对产品的购买欲望，最终实现产品的售卖。

朱越："您好，阿姨，您今天是过来看冰箱的吗？"

客户："是的，想买一台冰箱。家里的冰箱上周出了故障，不想修了，就想买一台新的。"

朱越："好的，那请问您想买什么样的冰箱呢？您心里面有想法吗？"

客户："我想要一台质量好、价格不太高的冰箱。"

朱越："这样啊，那我就带您看看这些冰箱，帮您选选？"

客户："好啊，你给我介绍介绍。"

朱越："这几台冰箱是两年前生产的，质量不错。"

客户："这个不好，冰箱的款式都有些老了，价格还不低。"

朱越："那这台呢？家庭版冰箱，最新款的。"

客户："新款是新款，但是价格不合适。"

朱越："那您这边请，我看这台冰箱比较适合您，这台冰箱是今年刚刚生产的新款冰箱，并且是知名厂家生产的，所以质量上您不用担心，价格相对来说也比较合适，您看呢？"

客户："这个还行。现在做活动吗？有优惠不？"

朱越："不好意思，现在这款冰箱还没有做活动。"

客户："没有活动啊，那我再看看别的。"

朱越："看您喜欢这款冰箱，虽然没有做活动，不过我可以做主给您配上一些赠品。"

客户："什么赠品？赠品的质量好不好？"

朱越："您就放心吧，赠品是最好的，产品也是最好的，性价比也是同类产品中最高的。您就下单吧。"

客户："那还有别的优惠吗？"

朱越："现在已经是最优惠了。您放心，如果您买贵了，可以再来我们店退货，您看这样总行了吧？"

客户："好吧，好吧，就要这一台了。"

上面的销售场景中，销售人员通过客户在销售过程中的表现，可以判断出客户是一位斤斤计较型的客户。在这一判断的基础上，销售人员果断对客户说出了有赠品的情况，并且告知客户其所购产品的性价比是最高的事实。客户在最后才愿意不计较产品的原价，销售人员顺利实现了产品的销售。

从上面的案例中大家可以总结出面对斤斤计较型的客户时，销售人员应该尽可能地将产品的优惠情况对客户进行说明和展示，让客户在购买产品的过程中处处感到自己占了便宜、获得了实惠，这类客户就会对产品感到满意，从而愿意购买产品。

小提示：销售人员在面对这类客户时，除了要介绍产品的功能和质量优势，还要将产品的各种优惠对客户解释清楚，这样更容易获得客户的好感，让产品更快地销售出去。

3.7 喋喋不休型：适时打断，将话题导向产品

在销售过程中，销售人员也会遇见一些非常喜欢说话的客户。这类客户在平时的生活中就喜欢与人交流，如果遇见销售人员前去与他们交谈，客户就会充分展现其语言天赋，和销售人员说个不停。这类客户我们将他们归为喋喋不休型。

面对这类客户，最好的销售方式就是适时打断客户的谈话，恰当地将话题导向产品，让客户对产品多加关注，进而使产品更快地销售出去。

下面来看一下销售人员应对喋喋不休型客户的销售场景，分析和学习一下应对这类客户的方法。

销售人员："您好，请问您是想选购一款电器吗？"

客户："是啊，我们家抽油烟机坏了，我说修一下，但是我老公不同意，他想买一个新的。"

销售人员："是这样啊。您请这边看看吧，这都是新到的几款抽油烟机，

性能和品质都是市面上数一数二的。"

客户："好，我问问你啊，你说这男人和女人的思维是不是不一样啊，为什么我说修一下就行，他就坚持想换一个呢？而且除了这件事，还有许多别的事情我们俩也有不同的意见……"

销售人员："不好意思，我打断您一下，其实男女的思考方式确实是不同的，抽油烟机坏了，您丈夫想买一台新的是很正常的，他可能是想让您更轻松一些，新机器用起来更省心呢。"

客户："也是，我跟你说啊……"

销售人员："您再想想，是不是买了新的抽油烟机之后，您就可以轻松地享受在厨房做饭的乐趣，不用时刻担心机器还会坏了的烦恼了？"

客户："也是，我还是看看新的产品吧。你这儿的产品怎么样，价钱如何，质量好吗？"

销售人员："您放心，我可以给您介绍不同种类的抽油烟机，保证您满意。"

客户："是吗，我这个人最不好招待了，你们的产品一定要物美价廉，这样我才能感到满意啊。上个月，我去商场买手机，那个销售员和我说了两小时，我都……"

销售人员："好的，我知道您的意思了，我一定为您介绍我们店里最好的产品，您看这款，款式是最新款，价格还在做活动，符合您说的物美价廉的要求，您看怎么样？"

客户："还行吧，我再看看别的产品。"

销售人员："这个款式呢？这也是比较新的款式，属于典型的欧式厨房设计，这款您满意吗？"

客户："还有别的款式吗？我还想再看看。"

销售人员："抽油烟机的款式都在这里了，其实这些产品的设计都是相通的，所有的产品都差不多，而且我们店里正在做活动，我向您保证您买的都是最低价。"

客户："好吧，我就要第二款产品吧。"

从上面的销售场景中，大家可以看出客户在销售过程的开头就充分展现了她爱说话的特点，而且客户说的话多半是与产品的销售关联度不大的。所以，销售人员在充分了解了客户的特点之后，适时打断客户的谈话，将客户的关注点重新拉到了产品上。期间客户还想要说起其他的话题，销售人员都对客户进行了适时引导，使得接下去的销售过程按照自己的预想顺利地进行下去。

其实，在实际的销售场景中客户的反应是非常多变的，销售人员如何让喋喋不休型的客户将注意力转移到产品上来，才是非常关键的。下面就为大家介绍一下面对这类客户时应该使用的方法。

1. 挑选打断的时机

销售过程中，客户在喋喋不休地讲话，即使销售人员有非常强的意愿去打断客户，也不能让客户感受到销售人员的厌烦，这样，客户很有可能会心生尴尬，不愿意再与销售人员沟通下去，甚至是直接甩手走人，导致产品销售失败。

因此，销售人员在面对这类客户时，一定要挑选好打断客户谈话的时机，如在客户说话间歇或他们思考时，以提示的方式转移话题，从而实现产品的介绍和展示。

2. 确认客户的需求

销售人员在与客户沟通中，要反复确认客户的需求。这时销售人员要不厌其烦，如果这一步确定不好，客户的需求就不能得到精准的满足，接下去的销售过程就不可能顺利地展开。这样，就会增加销售人员的沟通成本，不利于产品的销售。

喋喋不休型客户虽然会在交谈中说很多话，但他们不会将自己的需求放在嘴边反复强调。这时，为了让销售的过程更有针对性，销售人员就要主动确认客户的需求，使产品实现针对性的销售。

3. 多用限制性提问方式

面对这类客户时，销售人员应该少提一些开放性的问题，最好用限定性的提问方式来确定客户对产品的需求。因为限制性的问题只能用"是"和"否"来回答，所以能将客户的回答限定在一定的范围内，让客户很难说出与产品无关的话题，从而减少不必要的交谈，节省销售时间，提高销售效率。

💡 **小·提示**：销售人员在面对喋喋不休型客户时，一定要适时打断客户的谈话，将客户的注意力转移到产品上去，这样才能让销售的过程更加有效，最终实现产品快速、顺利的售卖。

3.8 沉默寡言型：简问简答，主动找话题

与喋喋不休型客户相反，有一类客户在平时不喜欢说话，在购买产品时也不爱说话，这类客户被归为沉默寡言型。无论这类客户对产品是否感兴趣，他们都不会特别主动地向销售人员询问，而是选择自己独自观察和研究产品，从而确定是否购买产品。

针对这类客户的特征，销售人员应该主动出击，找一些与产品有关的话题，将产品的信息主动介绍给客户。在介绍产品或与客户交流中，销售人员最好使用简问简答的方式，以迎合这类客户的性格。销售人员的话要说到客户的心里去，以促成产品的最终销售。

下面就来看一下销售人员在应对这类客户时所使用的销售话术，学习如何将话说到沉默寡言型客户的心里去。

销售人员："您好，欢迎光临。"

客户："你好。"

销售人员："请问您有确定的购买产品吗？我可以帮您介绍一下。"

客户："不用了，我随便看看。"

销售人员："好的，那您有需要就叫我。"

客户："好。"

通过与客户开头两三句的交谈，销售人员就可以判定该客户应该属于沉默寡言型。虽然客户说不用介绍，但是，销售人员还是注意了客户所关注的产品，当客户表现出对产品的兴趣时，销售人员就应立即上前，为客户进行产品的介绍。

销售人员："我看您对这款手机感兴趣，我给您拿出来，你亲自试用一下吧。"

客户："好，谢谢啊。"

销售人员："您看中的这款手机是我们店里最畅销的一款，每天都能卖出十几部呢，它是大厂家生产的产品，质量绝对有保证。这个厂家您听过吧？"

客户："嗯，听过。"

销售人员："那您对这款手机有什么看法吗？"

客户："没有，看着还可以。"

销售人员："其实这是市面上相对性价比超高的手机了，它能够满足人们的多种需求，集即时通信、娱乐等功能为一体，而且质量也非常有保障。您看这款手机符合您的心意吗？"

客户："还可以，我想再看看。"

销售人员："您就别犹豫了，现在厂家做回馈活动，买手机就送充电宝，您就抓紧机会买下它吧。"

客户："那好吧，我就买它吧。"

在销售产品的过程中，销售人员针对这类客户的特征，对客户从心理上进行了说服。在交谈的过程中，销售人员时常与客户进行眼神交流，用诚恳的目光对客户进行肯定，并用微笑打动客户，使客户感到了销售人员的诚意，最终下定决心购买了产品。

从上面的销售场景中，大家可以总结出应对沉默寡言型客户的如下方法。

1. 适当运用目光接触

人们常说"眼睛是心灵的窗户"，通过眼睛可以看出一个人的心理。所以，销售人员想要在客户的心中留下好的印象，就要在与客户的交谈中，使用恰当的目光接触来告诉客户自己对他的善意，从而建立起客户对自己的好感。

使用目光表达自己的想法时，销售人员的目光不要到处游离，也不要表现出闪烁不定，否则客户会对自己的可靠程度产生怀疑，不利于自己的形象塑造。

通常，销售人员可以把目光集中到客户的脸庞，在目光接触时，也要表现出坚定、自信，可以在目光接触三四秒之后往下方移动，这样很容易使客户产生信赖的感觉，从而将销售人员当成值得信赖的人。

2. 保持适度的微笑

倾听过程中，销售人员保持适度的微笑可以大大缓和尴尬的气氛，让双方的交谈更加顺畅。销售人员在微笑时应该大方得体，注意不要大笑或假笑，否则给客户的感觉就会非常不好，认为自己不受尊重，进而对销售人员产生不良的看法。

所以，优秀的销售人员在面对沉默寡言型的客户时，应该全程保持适度的微笑，以此来营造轻松愉快的交流气氛，增加产品签单的概率。

3. 要有充足的耐心

沟通的过程需要充足的耐心，沉默寡言型客户不爱表达自己的想法，常常用沉默或敷衍的态度应对销售人员，这种情况时常会让销售人员抓狂。但是，为了促成产品的交易，销售人员应该有充足的耐心，学会与这类客户交流的方法，以便让客户表达出自己的真实意思，从而提升产品销售的概率。

> **小·提示**：面对沉默寡言型的客户时，销售人员应积极主动地与客户交流，切记不要让客户感到自己不被重视，从而对销售人员产生不好的看法，这样会使产品销售中断甚至失败。

📖 **情景测试**

情景测试 1：客户对产品质量比较在意，显得顾虑重重。你作为业务人员应该怎么说？

答案：_____

_____

参考答案：我们的产品质量有多项认证，我可以给您拿出来看一下。另外，我们提供免费三包服务，还能够上门安装，所以您尽可放心。要点：（1）拿出合理依据；（2）给出公司许可范围内的承诺。

情景测试 2：客户说话语速比较快，行为比较傲慢，应该如何与客户拉近关系？

答案：_____

_____

参考答案：引导客户多发言，将主动权先交给客户，在适当的时机表达自己的观点。

情景测试 3：客户对价格比较挑剔，非常希望得到更多的赠品。

答案：_____

_____

参考答案：我们这里的赠品类别是根据消费额度决定的。如果您想要更多的赠品需要多购买一些产品哦。当然，最近公司做促销活动，在赠品方面可以多给一件。

情景测试 4：客户话语很少，但是很有条理性，对商品整体比较满意，但是想要一些折扣，你该如何引导客户？

答案：_____

_____

参考答案：我这里最大的权限也和您说了，您如果确定要的话，我可以向经理申请一下，但是不能保证能申请下来哦。

第 4 章

对症下药：了解对方需求

客户的需求是决定产品销售成功与否的关键性要素。如果客户对一件产品有需求，即使销售人员不为其特别热情地介绍，客户也会非常痛快地购买产品；反之，如果客户对产品没有需求，无论销售人员表现得多热情，话说得多妥帖，客户也不会购买该产品的。所以，销售人员想要顺利售出产品，就一定要重视客户的需求。

4.1 需求类型：显性或隐性

在销售的过程中，产品能否满足客户的需要是其能否卖出去的关键要素。如果产品能够满足客户的需求，符合客户对产品的期望，那么客户就会愿意购买产品；反之，客户就会拒绝销售人员的推销。

其中，客户需求有隐性和显性之分。通常，客户的显性需求也称作基本需求，这种需求是客户自己可以明显感受到的需求，而且客户能够用语言来描述。而隐性需求通常是客户不能清晰感受到，并不能用语言来描述的需求。

在实际销售过程中，如果客户的显性需求得到了满足，客户的购买体验会很一般，通常不会表现出兴奋或惊喜的情绪。但如果显性需求得不到满足，客户对产品就不会有购买欲望，导致销售过程的终止。

而当销售人员所提供的产品能够满足客户的隐性需求时，客户就会将兴奋或惊喜表露出来，这时，产品的销售过程就往往非常顺利。

举例来讲，微信是当今人们普遍使用的通信产品，其中产品的聊天功能、通信录、实时对讲都是产品的基本功能，满足的是客户的显性需求，而微信的摇一摇、漂流瓶、附近的人等功能的设计就是产品为了满足客户的隐性需求所设置的。

产品的显性需求和隐性需求都是客户衡量是否购买产品的重要条件。一般情况下，销售人员在推销产品时，都会向客户展示产品能够满足他们的显性需求，而对于客户的隐性需求不甚在意，其实这种推销产品方法的有效性是有待商榷的。

销售过程中，由于产品的同质化比较严重，产品对客户显性需求的满足也很普遍，所以，销售人员只抓住客户的显性需求进行产品推销是不够的，还应该多注意客户的隐性需求。这样，才能让自己的销售更有特色，更符合客户的心意，使销售的过程更加顺利。

下面就来看一个挖掘客户的隐性需求来促成产品销售成功的案例，了解和学习一下在销售过程中如何挖掘客户的隐性需求。

约翰是一位德国的金牌保险推销员。他在推销保险的过程中，尤其擅长挖掘客户的隐性需求，并且他可以将这种方法使用得非常巧妙，不会让客户感到反感。

一个周日的下午，约翰去拜访一位难缠的客户，在他去之前，已经有三位同事失败而归了。这次同事推举约翰来啃这块"硬骨头"。

两人刚刚坐下，客户就开始问约翰："你认为，我将一千万元分成两份，分别将它们存在银行和投入保险中，这两种方式哪个比较划算一点呢？"

约翰爽快地回答："如果您选择的存放时间为 10 年，那么您将钱存在银行是比较划算的。"

客户听完，微微挑了下眉毛，并向约翰说道："我问了来的三个保险员，他们都回答我保险是比较划算的，但是你的答案明显与他们的不同。你为什么这么说呢？"

约翰回答："我从不会为了卖出保险而违背自己做人的原则。无论我做什么或说什么，我都会以事实为基础。所以，如果单纯以存钱的观点来看收益，其中定存的收益是很可能超过保险的。"

"既然是这样，那我为什么不将钱存到银行而去买保险呢？你能给我一个了理由吗？"客户问道。

这时，约翰就利用保险的特殊性对客户的隐性需求进行了挖掘，将保险和定存做了对照，向客户着重介绍了保险的好处，他对客户说道："按照常规，您将钱放在银行，在 10 年的缴费期间，银行所生成的利息确实比保险要多，但是这种情况只是限制在客户没有出现意外的条件之下。与银行立即生效的利息相比，投一份保险就会使客户拥有了人身保障，一旦发生意外，银行中的钱只是本钱加利息，而保险则不同，它会显示自身的巨大优势，您将获得 10 倍或者 20 倍的回报。因此，客户先生，您是否购买保险取决于您的自身情况，所以，我希望您能够慎重考虑。"约翰真诚地说道。

最后，客户仔细思考了购买保险对自己的意义，知晓了购买保险是自己的潜在需求，最终被约翰说服，决定向约翰购买一份保险。

从这个销售案例中可以看出，客户之所以下定决心买保险，与约翰为其分析将钱放到银行和购买保险的差别是分不开的。经过约翰的分析，客户才意识到购买保险并不只是一项投资项目，其最大的好处在于为自身买了一份保障。客户的隐性需求被挖掘出来了，约翰又为其提供了满足需求的产品，自然促成了产品销售订单的签订。

所以，销售人员在遇见客户拒绝产品推销时，也要学会寻找和挖掘客户的隐性需求，从客户的隐性需求入手，完成产品的销售。

💡 **小·提示**：虽然客户的需求分为显性和隐性，但是，销售人员在销售过程中要有所侧重，在简单介绍产品的显性功能后，应该对产品的隐性功能多加展示，让客户的隐性需求得到满足，从而使产品的销售过程更加顺利。

4.2 需求层次：马斯洛需求层次理论

马斯洛需求层次理论是指美国心理学家亚伯拉罕·马斯洛（Abraham Maslow）提出的需求理论，是现代行为科学的理论之一。这一理论将人类需求层次按照从低到高的顺序分为五种，分别是：生理需求、安全需求、社交需求、尊重需求和自我实现需求，其排列方式和金字塔相似，体现了一种由低到高的阶层性，如图 4-1 所示。

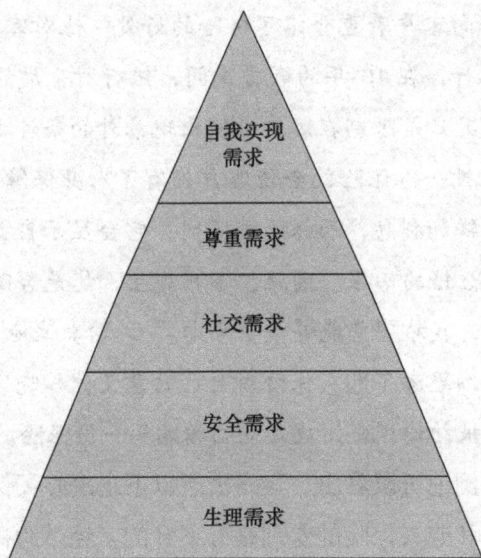

图 4-1　马斯洛需求层次理论示意图

这一需求分类精准地揭示了人们对于各种事物的需求层级，将人们的需求从低到高进行了分类。根据马斯洛这一需求层次理论，大家可以把销售过程中的客户按照其需求分为五个层级，每一个层级市场的客户人群都有不同的需求。低层级的客户人群追求的是温饱层面上的产品，而高层级的客户人群，在购买产品时最看中的是产品的附加价值，即能否满足自己自我实现的需求。

下面大家来看一则运用马斯洛需求层次理论的销售案例，帮助大家更为准确地理解这一理论。

王强是一家互联网公司的业务骨干，有一次他要去参加一场商业晚宴，但是家里没有合适的衣服，于是他就去了一家私人定制的西装店。

王强刚刚进入西装店，销售人员就热情地迎了上来，对王强说："欢迎光临本店，您是要购买一套西服吗？我们店里正逢三周年店庆，在做回馈活动，同时也推出了很多新款西服，我为您介绍一下吧。"

王强看到销售人员这么热情的接待，瞬间就有了被尊重的感觉，所以他跟随着销售人员四处浏览了一番，终于发现了一套心仪的西装。于是王强就问销售人员："这款西装多少钱？"

销售人员回答道："原价是13988元，现在周年庆活动打折后只要8999元。"

王强："这款西装怎么这么贵？"

销售人员回答道："您的眼光非常独到，一眼就看上了我们店中推出的周年庆主打款西装，这是由国际设计师亲自操刀设计推出的新款服饰，是我们店的'镇店之宝'。其设计简约质朴，不添加任何多余的装饰，细节之处更显尊贵，令整套西装的设计兼具严谨与时尚。尽管价格不低，但是您穿上这套西装绝对可以显示出高贵的品位。"

销售人员的这番话，就简洁强调了马斯洛需求层次理论中的社交需求、尊重需求和自我实现需求，让西装的价值更上一层，客户也就不会再纠结产品的价格了，转而更加关注产品的价值。

从上面的案例中大家可以发现这位销售人员就是利用了马斯洛需求层次理论，将产品的更高价值向客户做了展示，告知客户产品不仅仅能够满足他们的生理需求和安全需求，还能够满足客户更为高级的社交需求、尊重需求和自我实现需求，通过这种方法将产品的价值提高，客户就不会纠结产品价格的昂贵，进而将焦点转移到产品的价值上去。

因此，销售人员在向客户推销产品时，应该对客户的需求进行认真了解，根据马斯洛需求层次理论来向客户介绍和展示他们需要的产品，这样能够在很大程度上促成产品的营销，顺利完成产品的销售。

> 💡 **小提示**：销售人员使用马斯洛需求层次理论时，可以适当对产品的性能进行赞美，尽可能地增加客户的附加值，这样就能够让客户产生物超所值的想法，进而更为痛快地下单购买产品。

4.3 状况询问法：您公司的计算机用多久了

状况询问法是指销售人员对客户的需求状况进行询问的方法，如"您公司的计算机用多久了"，"您用着现在的产品感觉怎么样"等，销售人员通过向客户询问原有产品或相关产品的使用状况，来对客户的需求做准确的判断。

通常，销售人员使用这一方法获取客户的需求时都需要对客户的情况进行询问，这样才能判断客户对产品状况的认知情况。下面介绍一下可以从哪些方面对客户的状况进行了解，如图 4-2 所示。

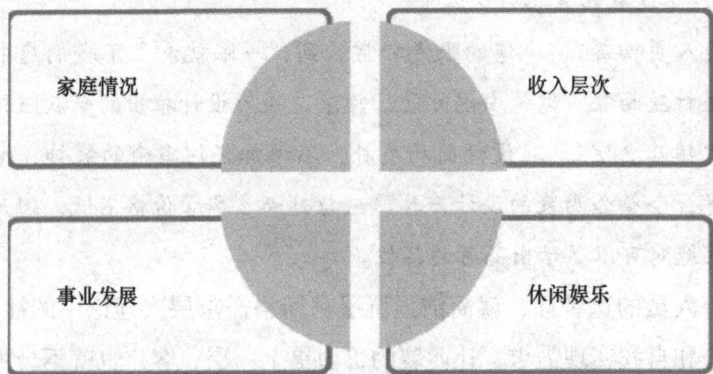

图 4-2　了解客户状况的四个入手方面

1. 家庭情况

销售人员使用状况询问法的核心是获得客户的信息以及客户对产品的需求情况，其中客户家庭情况作为最基本的信息，是销售人员必须了解的。销售人员在了解客户的家庭情况时，可以直接与客户交流，或从公开的信息渠道获得，如上网查阅、向熟人打听等。

需要注意的是，销售人员要把握好掌握信息的分寸，切记不要过深地了解客户的家庭情况，以免触碰到客户的隐私，在客户的心中留下不好的印象。

2. 事业发展

事业发展也是销售人员需要掌握的必要信息，如客户目前的工作状态以及未来事业规划等都与客户的潜在需求相关，这些信息具体还包括：客户目前的职业情况，薪资状况，就职公司与职位，就业时长，与同事、领导的关系，工作业绩与能力等。

从某种程度上说，工作是一个有劳动能力的成年人必备的社会性活动，在很大程度上能够体现客户的过去与现在的整体状态，特别是职位与薪资情况，基本决定了客户的社会活动范围和方向，甚至辐射到生活层面。

所以，销售人员想要获得客户的真实需求，就要对客户的事业发展情况有基本了解，以此来判断自己的产品是否符合客户的潜在需求。

3. 收入层次

收入层次在需求调查时一般与金钱挂钩，例如，某公司的财务经理可能会对国家经济形势比较了解，对股票行情走势也相当关心，平时会买些股票，阅读财经杂志等。这样的客户对待金钱的看法可能会更加多元化，销售人员就可以从客户的日常生活习惯入手，让客户在谈话中由浅入深，自然过渡到对金钱财务的认知，了解近期有何财务调整，以判断是否能和自己的产品产生联系。

4. 休闲娱乐

客户的需求状况与其平常的休闲娱乐也有很大的关系，客户的日常消遣、特别的或坚持的兴趣爱好、最近的假期安排等资料都是可以看出客户需求的方面，销售人员在使用这一方法时，需要从客户休闲娱乐的方式来探求客户的实际需求。

销售人员通过了解客户的家庭情况、事业发展、收入层次、休闲娱乐等信息，对客户需求最渴望的部分进行了解，顺应其需求，进而引导客户购买产品。

小提示：销售人员在使用状况询问法时应该注意对客户隐私的保护，在调研客户对产品需求的指导下，只对客户与购买产品有关的状况进行了解，做到恰当适宜，这样才能得知客户需求的同时获得客户的好感。

4.4 问题询问法：是否会经常死机

问题询问法是指向客户询问使用产品时所发生的问题，如"是否会经常死机""是否会影响您的出行"等，通过了解客户所面临的问题，从而找到客户的需求，方便对客户有针对性地进行产品的介绍。

在实际的产品销售过程中，销售人员应该如何具体使用这种方法进行客户的需求询问呢？

销售人员："您好，请问您想看看计算机吗？"

客户："没错，我今天有时间，过来看看计算机。"

销售人员："这样啊，您来得正好，我们店里正在做活动呢，这几款计算机现在购买都是非常实惠的。"

客户："啊，我就是过来看看，没打算今天买。"

销售人员："那也没关系，您看一看也好啊。"

客户："好的，谢谢你啊。"

销售人员："不好意思，我问您一下，您现在看计算机肯定是有换的想法吧，是什么原因促使您想来看一下计算机呢？"

客户："其实，我原来用的计算机还可以用呢，就是有时候会犯点小毛病，所以我就看看。现在的计算机都是这样吗？"

销售人员："原来是这样啊，那我先给您介绍一下我们店里的产品吧，您有什么要求就问我。"

客户："好啊。"

销售人员："我想问问您，您的计算机用了几年了？"

客户："五年了。"

销售人员："嗯，用的时间是挺长的了。"

客户："确实，我这个人不怎么用计算机，只在有工作的时候偶尔用一下。"

销售人员："那您刚才说计算机犯的毛病是什么啊，是不是经常死机？"

客户："嗯，确实是这样，前几年还好，不过从上个月开始，计算机就经常死机了。"

销售人员："那您考虑过换计算机吗？"

客户："想过啊，不过我对计算机的需求并不是很迫切，所以今天只是来看看。"

销售人员："这样啊，那您有没有因为计算机死机耽误过什么事情呢？"

客户："不瞒你说，确实还耽误过两件事情，这两件事情还让我损失惨重啊。"

销售人员："那我就建议您立刻更换计算机，您想，计算机经常死机给您带来的损失肯定大于一台计算机的钱，您现在不换，以后还可能出现这样的事情, 所以, 既然要换, 为什么不抓紧时间现在就消除隐患呢, 您说是吧?"

客户和销售人员一边逛一边说, 在销售人员的询问中, 客户就发现自己确实有了立即换计算机的需求。之后, 销售人员又向客户介绍了两款适合客户的计算机, 最终客户从开始的没有需求转变成对产品有迫切需求, 顺利地购买了产品。

从上面的销售案例中, 可以发现, 客户的需求有时是隐性的, 也有时是不明确的, 所以, 销售人员需要用问题询问的方法, 发现客户所面临的问题, 使其一步步接受自己对产品有需求的事实, 从而促成产品的销售。

小•提示: 在使用问题询问法时, 应该紧紧围绕客户对产品的需求来询问, 其目的是让客户感受到自己对产品存在迫切的需求, 这样, 销售人员才能顺理成章地对客户进行产品介绍, 从而促成产品的售卖。

4.5 隐喻询问法: 经常死机给您带来哪些不利

销售过程中, 销售人员使用隐喻询问法向客户提问, 隐喻性问题能够使客户发现其隐性的需求, 并且感受到隐性需求的重要性与急迫性, 从而挖掘到客户的潜在需求, 并且刺激客户对产品进行购买。

销售人员想要在产品销售时运用隐喻询问法来探索客户的隐性需求, 就需要对客户的基本情况和背景资料有基础性的了解和掌握, 只有在这一基础上, 销售人员才能找到客户的潜在需求, 并对症下药, 促成产品的销售。

下面是一个使用隐喻询问法的销售场景, 展示了这种方法的具体应用。

销售人员:"我基本了解了您的情况, 您的计算机确实存在一些问题是吧?"

客户:"没错, 计算机会经常死机。"

销售人员:"那真的很不幸。计算机经常死机给您带来了哪些不利呢?"

客户:"计算机经常停机检修, 而且是不定期的。每次计算机死机, 都会影响文件和资料的处理, 对工作和生活也造成了很大的影响。"

销售人员:"那这些对您与客户的沟通影响大吗?"

客户:"是的, 我很担心。因为这个原因, 客户邮件会丢失, 更糟糕的是大家都不知情，以为邮件已经发送成功。"

销售人员："那么这种情况对您的业务影响有多大呢？"

客户："还真得想想，我断定已经有客户对我们产生抱怨了，就是因为计算机死机导致的邮件方面的问题！"

销售人员："所以从上面的谈话中可以看出一个运行稳定、状况良好的计算机对您来说是非常重要的，对吧？"

客户："确实是这样。如果计算机的性能稳定，不会发生邮件丢失、遗漏，合作的机会也就不会丧失。我们的生意也会有相当程度的改变。"

销售人员："好，我现在就为您详细地介绍一下我们公司的计算机，我们公司的计算机性能是市面上最为稳定的，产品质量和品质都是经过权威机构验证的……"

最后，销售人员向客户详细地介绍了自身产品的优势，并且特别针对客户担心的产品性能隐忧做了针对性的对策讲解，满足了客户的需求，最终促成了产品的销售。这就是隐喻询问法的典型例子。

销售人员在使用这一方法时，首先应该了解客户的基本情况，在这一基础上去对隐性需求进行挖掘，之后运用隐喻询问的方法启示客户对产品潜在需求的重视，从而让客户主动询问产品、购买产品。

小·提示：销售人员在使用这一方法时要懂得循序渐进，不能急于向客户介绍产品。否则，销售人员就不能充分表达隐喻询问法的精髓，失去了方法的委婉和有效性。

4.6 需求回报询问法：您考虑过换计算机消除差错吗

需求回报询问法也是销售人员对客户需求了解的方法之一，这种方法在使用时会对客户的需求做最精准的判断，之后针对客户的需求为其提供产品，如销售人员可以向客户说"您考虑过换计算机消除差错吗"之类的话，让客户思考去换一件新的产品来消除自己的隐患，满足自己的需求。

在本章的4.4小节的案例中，销售人员除了利用问题询问法来凸显客户的需求外，还使用了需求回报询问法的方式对客户的需求进行解决。即销售人员向客户最后说的："那我就建议您立刻更换计算机了，您想，计算机经常死机给您带来的损失肯定大于一台计算机的钱，您现在不换，以后还可能出现这样的事情，所以，既然要换，为什么不抓紧时间现在就消除隐患呢，您说是吧？"

产品销售的过程中，销售人员为客户提出购买产品来解决其隐患的方法，让客户从产品中获得回报，其需求得到满足。这样，客户就能够在一定程度上愿意考虑购买产品，进而促成产品的售卖。

情景测试

情景测试 1： 一对情侣来到店里买钻戒，但是挑了很久，还是没有找到中意的款式，准备离店，应该如何提问？

答案：_____

_____

参考答案：我们这里有些款项都是很时尚的，包括我们的项链。如果时间允许的话，我可以为你们介绍一下我们项链的款式，有三款是今年的流行款式哦。

情景测试 2： 客户看上一辆中等配置的汽车，也对另一款价格较高的车型表示满意，业务人员如何做好两者的平衡？

答案：_____

_____

参考答案：这款中等配置的汽车是今年的主打款式，当然如果预算充足的话，可以考虑那一款高配置的汽车。

情景测试 3： 客户对业务人员的推荐比较反感，可以看出一定的不信任感。作为业务人员如何与客户说？

答案：_____

_____

参考答案：一看您就是行家，您是不是之前买过类似的产品呀？现在这类产品不同的品牌质量差别也比较大。

情景测试 4： 一对夫妻去选购卫浴类产品，男方希望买价格高一些的，觉得质量有保证；女方希望买价格低一些的，觉得能省钱，作为业务人员如何与客户说？

答案：_____

_____

参考答案：目前选购这两档产品的顾客都比较多，价格便宜的产品使用五年后确实容易出现一些老化情况，价格高的产品使用起来更省心。

第5章
切入主题：做好产品介绍

产品介绍在销售过程中占很大的分量，如果产品介绍做得好，就能使客户对产品产生好感，从而使产品的销售过程更加顺利；反之，如果销售人员掌握不好产品介绍的方法，在交谈中客户不能清楚地明白产品的主要特点和优势，就会增加销售过程的难度。因此，能够突出产品优势的产品介绍是非常重要的。

5.1 FABE 法则：特点、功能、好处、证据

FABE 法则是一种产品介绍的有效方法，它包括产品的特点（Features）、功能（Advantages）、好处（Benefits）以及证明以上事实的证据（Evidence）。

这一原则具体是指销售人员应当首先找到产品属性中客户最感兴趣的部分，在此基础上分析产品的优点，之后找出优点能够带给客户的利益，最后提出证据来证明优点，以此来解答客户的不同诉求，以证实产品能够给客户带来的利益，使得销售人员更为妥善地处理好客户较为关心的问题，从而实现产品的售卖。

FABE 这一原则的核心是对不同客户的购买动机进行有针对性的理解和把握，向客户推荐最符合客户要求的商品。这一原则使用时的标准句式是："因为产品有 ×× 特点，从而具有 ×× 的功能，对您来讲有 ×× 的好处，其证据是……"

举例来讲，销售人员在向客户介绍空调产品时，会分为四大步骤。

首先，销售人员会向客户介绍产品的特点，如"这款空调的最大特点是省电，一天才用一度电。"

之后，销售人员会向客户介绍产品的优势，如"原来的空调每天用电都在 2 度以上，质量不太好的产品每天的耗电量还有可能在 3 度以上。但是这款空调的耗电平均水平就在 1 度。这样比较着算起来，每天都能够节约电费。"

接下来，销售人员会在这一基础上向客户介绍产品所具备的利益，如"假如 ×× 元一度电，您一天可以省可以 ×× 元，一个月就可以省下 ×× 元。"

最后，销售人员可以利用产品的说明书或销售记录作为证据，向客户证明产品的特征、优势，如当客户问："这款空调为什么那么省电呢？"销售人员就可以向其进行说明书的有关内容的介绍，如产品的输入功率、压缩机、制冷剂、最优化的省电设计等，或者利用产品的销售记录，告知客户"这款空调的销量非常好，客户可以查看产品的销售记录。"

上面的几条，是 FABE 法则的大致介绍，为了大家能够更好地理解和运用这一法则，下面为大家具体介绍 FABE 法则中的四个部分，如图 5-1 所示。

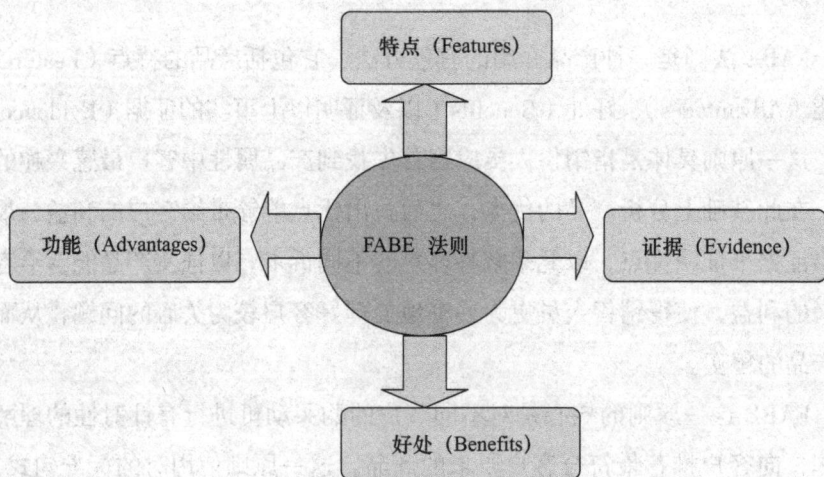

图 5-1　FABE 法则中的四个组成部分

1. 特点（Features）

这部分的核心内容是回答客户产品是什么的问题。销售人员在介绍产品的特点时要以"因为……"来开头，向客户描述产品的款式、技术参数或配置，在描述时，要将产品的特点化为有形，即意味着产品的特点是可以被客户看到、摸到、尝到、听到的。

这部分的主要内容是产品的特点和性能，如材料、产地、功能和特性等产品最基本的功能组成的内在属性，销售人员要想将产品更好地介绍给客户，就要找到自己的产品与竞品之间的差异点，即产品所独有的特点。

需要提醒大家的是，销售人员在介绍产品的特点时，要对自己产品的潜质进行深度挖掘，尽可能地寻找自己的产品与竞品没有的或其他推销人员忽略的产品特性。当销售人员在介绍产品时，要给客户一个"情理之中，意料之外"的感觉，这样客户就很容易被产品吸引，从而使接下来的销售工作能更顺利地开展了。

2. 功能（Advantages）

这部分的核心是回答客户产品能做到什么的问题，即介绍客户看不到、摸不到或感觉不到的产品功能，并解释产品的特点是如何能被利用的，其固定句式是"从而有……功能"。

这部分具体是指产品特点的优势，即产品的特点具备了什么样的功能，换句话说，就是向客户证明产品是有"购买的理由"的。在这部分进行产品介绍时，销售人员要将自己的产品与竞品进行比较，列出自己产品的比较优势或特点。在向客户阐释的过程中，可以用直接或间接的方式进行阐述，如产品更加管用、更加高档、更加保险等，让客户感到产品的优势和功能。

3. 好处（Benefits）

这部分的主要作用是回答产品能为客户带来哪些好处的问题，销售人员在介绍时要以客户的利益为中心，通过强调客户的利益来激发客户对产品的购买欲望，使产品顺利地实现销售。

这部分产品介绍一般也是无形的，如激发客户的自尊感、炫耀欲等，它是将产品的功能分解成一个或多个购买目的，也就是告诉客户产品是非常具有优势的，即产品会满足客户的需求，从而刺激客户的购买欲。

4. 证据（Evidence）

这部分为客户提供了证明产品好处的证据。此部分的说明大部分是有形的，即可见、可信的；其常用句式就是"您看……"。证据包括产品的权威报告、客户来信、照片等材料，通过销售人员现场演示、相关的产品证明、品牌效应等文件来印证前面的产品介绍。

另外，销售人员应该注意，这部分的"证据"材料应该具有客观性、权威性，保证产品的可靠性，让客户充分感受到产品的优势和特点。

以上是 FABE 法则的四个组成部分，当销售人员在使用这一方法介绍产品时，还要注意细节问题，如在介绍产品特色时不要超过三个，否则会使产品的特色和优点难以凸显，给客户留下模糊的印象，不利于产品的介绍。销售人员在介绍产品时还可以用竞品作为参照，以对比的方式全面介绍产品，突出产品的优势。

> 💡 **小·提示**：销售人员在使用这一法则进行产品介绍时，要注意满足客户的需求，即在介绍产品的特色和优点时要结合客户的需求，否则再好的特色和优点也不会引起客户的兴趣，实现不了产品的销售。

5.2 上升式介绍法：去皱、美白、年轻化

上升式介绍法的核心是循序渐进，一步步地向客户介绍产品的特点和优势，如销售人员在介绍化妆品时，可以按照产品首先具有去皱功能，在此基础上会对皮肤进行美白，最后实现皮肤的年轻化，这样有逻辑地上升式介绍方法就会很容易让客户接受。

销售人员在向客户介绍产品时，应该保持充分的耐心和逻辑思维，切忌心浮气躁和杂乱无章的介绍。其中心浮气躁是销售人员的大忌，特别是当销售人员在一段时间没有业绩时，更容易出现急功冒进的行为，结果却是欲速则不达。销售人员只有按照一定的程序，才能一步步达成交易。

举例来讲，如果你开着一辆保时捷，启动时将挡位放在四挡而不是放在一挡上，你的车子一定无法启动。所以，我们销售的时候一定要按规则行事，

否则很难得到客户的信任。

美国有一位寿险销售人员向一家 IT 公司推销寿险时，先介绍了公司的险种，并问了客户一些基本信息。然后，销售人员将一本小册子交给了客户。

当客户在读那本小册子时，他利用这段时间观察了同一个办公室里的其他员工。这期间，他偶尔问办公室大小以及公司员工的总数，他的问题甚至还触及了公司每个月的平均工作完成量。

每当这个销售人员问一个问题的时候，那位客户就得停下来回答他的问题，因此，他也一直找不到之前自己究竟读到哪里了。在他整理思路以便接下去读那个小册子的时候，他又被另一个问题打断了思路。

这位客户根本无法专心去读那本小册子。最后他终于受不了这种方式而将小册子放在桌子上。而且，他也不愿意再回答任何问题了。接着，他对那位销售人员说："你为什么不写一份企业计划书给我看呢？"语言之间，大家也已经可以感受到这位老总已经迫不及待地送客了。

可以想见，这位销售人员在他再一次造访那个客户时，完成那笔生意就比较困难了。优秀的销售人员应该是沉静的，能沉得住气，不急于成交，先将前期的工作做好，这才是真正的成功之路。

上升式介绍方法的基本要求是循序渐进，像建造金字塔一样逐渐完成产品的介绍。销售人员在使用这种方法时，应该沉下心去对产品的基本功能及特殊功能都进行了解和掌握。向客户介绍产品时应该按照逻辑，由浅入深、由表及里地进行产品介绍，这样，才能一步步地将产品说到客户的心里去，从而完成产品的销售。

> 💡 **小·提示**：销售人员使用这一方法时应该把握产品介绍的节奏，沉下心来按照产品的表层功能到深层次功能的顺序进行介绍，从而实现产品的顺利销售。

5.3 引用权威法：获国际 GMP 认证

引用权威法也是一种常见的产品介绍方法，销售人员在向客户介绍产品时，运用能够证明产品权威的办法来展示产品，如告诉客户"产品曾获国际

GMP 认证"之类的话，客户就更容易接受产品的展示和介绍。

在心理学中，权威效应主要来源于以下两个方面：一是安全心理，人们通常认为权威人物是行为的榜样，听从这些人物的引导会增强自身的安全感，降低风险系数；二是认可心理，人们认为权威人物制定或遵守的原则符合社会规范，能够取得较好的效果，所以，人们普遍会相信并听从权威人物的号召。

当你在装饰豪华的商场内，看到售货小姐彬彬有礼、肤白貌美，面对灯光下的珠宝首饰，你会认为那肯定是廉价赝品吗？当你看到电视上知名专家的宣讲、评论或代言时，你会不会因动心而购买呢？

以上这些都是引用权威方法的产品介绍和推广方式，虽然请业界权威人士代言的费用十分高昂，但不可否认的是受众认可度也很高。对于销售人员来说，利用客户对权威人物或权威资料的信赖，在产品介绍时可以从以下三点入手。

1. 产品代言人

权威能够为人们提供安全感。当面对一个陌生事物时，人们的心理倾向于怀疑或抗拒的态度，出于自我保护的机制，人们要和不熟悉的事物保持距离。当有权威代言人做产品宣传时，就会大大增强消费者的安全感。例如，运动品牌商邀请奥运冠军做代言，就是利用人们对权威的信赖。

所以，销售人员在介绍产品时可以将产品的代言人告知客户，利用权威效应来证实产品的质量和品质。

2. 精美的包装

杜邦定律表明，63% 的消费者是根据商品包装选购商品的，可见一个精美有创意的包装的重要性。精美的包装一方面可以体现产品的品牌档次，另一方面能够展现产品的优良品质。

举例来讲，号称全世界最奢侈的矿泉水——Fillico，是日本神户的天然矿泉水，零售价为 100 美元 / 瓶，每月限售 5000 瓶。Fillico 矿泉水的昂贵之处在于它的包装，瓶身是由施华洛世奇水晶和黄金涂层完美结合而成的，瓶盖也是由金银两种材质做成的，看起来像天使的翅膀和皇冠。

当销售人员介绍产品时，就可以展示和介绍产品的精美包装，让客户从中体会到产品的价值，这样，客户就容易对产品产生好感。

3. 权威数据

权威部门发布的数据往往最有说服力，给产品或品牌增加权威的数据佐证，也可以获得客户的认可。销售人员在介绍产品时，就可以将与产品相关的权威数据介绍给客户，从而让客户更好地认识产品。

> **小·提示**：销售人员在使用引用权威法时要把握好权威效应的适用范围和力度，如果过分依赖引用权威的方法，不注重产品的质量，最终也会使产品交易失败，失去客户的信任。

5.4　视觉销售法：一周后皮肤就会明显变白

视觉销售法也是销售人员在介绍产品时的常用方法，这种方法是指销售人员在介绍产品时通过描述让客户看到或想到自己购买产品后的情景，以及想象自己在使用产品后得到的利益。当销售人员恰当地使用这一方法时，客户就会对产品形成良好的印象。

举例来讲，奔驰汽车的销售人员在向客户介绍产品时，可以对客户说："请您想象一下，如果您开着这辆奔驰车与另外几辆其他车一起在十字路口等待通行，当红灯变绿灯时，您的车第一个冲出去，那将是一种什么感觉？"

销售人员这样向客户介绍产品，客户就会不由自主地在大脑中跟随销售人员的介绍，想象自己使用产品的场景，就很容易对产品产生强烈的购买欲望，从而更加专注地听销售人员的产品介绍，为产品的销售打下良好的基础。

下面是一个视觉销售法的具体应用场景，大家从中可以了解和学习相关的销售知识和技能。

销售人员："欢迎光临本店，请问您有什么需要？"

客户："我过来看看护肤品，你们店里有美白效果的护肤品吗？"

销售人员："有的，您稍等，我这就给您拿。"

客户："美白护肤品都在这儿了吗？"

销售人员："是的，这几款美白护肤品的功能非常显著，能够让您的皮肤保持年轻，效果都非常好。"

客户："真的吗？"

销售人员："当然了，我们店里的产品都是经过权威机构严格验证过的，质量和效果都有保证，您就拿着这一盒吧，您使用一周之后皮肤就会明显变白。美白效果是看得见的。"

客户："那好，既然这样我现在就买了。"

销售人员："好的，我帮您包起来。"

上面的销售场景就是典型的视觉销售法，销售人员通过告知客户护肤品能够在一周内让皮肤变白，从而让客户在脑海中感受看得见的美白效果，以促成了产品的销售。

因此，销售人员在使用这一方法前就要对产品多进行了解，让客户真切地感受到产品的效果或产品给他们带来的利益。这样，客户就能对产品产生好感，从而促成销售。

小·提示：销售人员在使用这一方法时要注意产品介绍的方式，要多用表示变化的修饰词等，让客户明显感受到拥有产品的体验，从而促使客户产生强烈的购买愿望，促成产品的销售。

5.5 对比介绍法：用自己产品的优势对比竞品的弱点

产品介绍中，对比介绍法也是一种常用的介绍方法，这种方法使用的核心是用自己产品的优势对比竞品的弱点，从而更加显著地突出产品的特点，让客户理所当然地选择自己推销的产品。

在销售过程中，有些人会认为这种方法不太好，不符合公平竞争的原则，其实这是错误观点。用自己产品的优势对比竞品的弱点是在用事实说话，并没有诋毁竞争对手和竞品，只是转换了一种产品介绍的思路，以己之长胜他人之短，和古时候田忌赛马所用的道理是一样的。

因此，销售人员在使用这种方法时不要有心理负担，这只是向客户说出事实的过程。其实，在实际的销售过程中，客户也常将同类产品放在一起进行比较，这是人们在面临选择时的一种解决方法，因此销售人员在销售过程中应该学会用自己产品的优势来对比竞品的弱点，让自己的产品优势更加突出，顺利促成产品的销售。

以世界著名的科技公司苹果公司为例，它在宣传自己的计算机产品时，就是用了"Mac 对 PC"的系列广告，运用对比介绍法，将 Mac 与 PC 进行了对比，从而在广告宣传上获得了显著效果。

在使用对比介绍法时，苹果公司首先对自己的产品与竞品做了分析，分析得出在个人计算机领域，苹果的 Mac 与微软的 Windows 视窗操作系统有明显不同，苹果 Mac 因为兼容性的问题无法与微软抗衡，在个人和企业市场，PC 占据着统治地位，但是自己的优势是个性化的设计，给人们带去的是活泼、青春的感觉，而 PC 的形象较为严肃，给人有些古板的印象。

根据这一对比分析，苹果公司在设计文案时就用自己的优势去对比竞品的弱点，以此来突出自己产品的活泼和青春，为产品的销售做了很大的贡献。

在"Mac 对 PC"的系列广告中，Mac 和 PC 有如下对话。

"你好，我是 Mac。"——牛仔男孩 Mac 说。

"你好，我是 PC。"——西装男 PC 说。

"我喜欢把生活变得有趣，例如听音乐、拍照片、看电影。"——轻松自然的 Mac 说。

"我也可以啊，如建电子表格、文档、时间表。"——PC 严肃、紧张、却不甘示弱地反驳。

通过形象对比，Mac 塑造了轻松、自然、活泼的形象；PC 则刻板、老套、不善交流。这则广告告诉人们 Mac 不仅具备 PC 的各种实用功能，更重要的是 Mac 的创意与生活乐趣。

"Mac 对 PC"的广告系列包含 66 个短片，每段 30 秒，并邀请贾斯汀·朗（Justin Long）扮演 Mac，邀请约翰·霍奇曼（John Hodgman）扮演 PC。Mac 的形象显得轻快有活力，PC 的形象则偏向陈腐、愚钝。

这一系列广告得到了大众的喜爱，觉得它非常有趣，轻松好玩。Mac 的优势在对比中逐渐被越来越多的消费者认可。他们愿意接触 Mac 电脑，体验它的优点和特色。

最终 PC 和 Mac 的销量都有了很大的增长，也直接证明了苹果公司采用这种对比介绍产品方法的显著效果。

在实际的销售场景中，对比介绍法是效果非常好的产品介绍方法，销售人员通过用自己产品的优势来对比竞品的弱势，会让客户更深刻地感受到产品的品质，从而愿意购买相关的产品，促成产品的最终交易。

> **小提示**：对比介绍法在使用时应该注意客户的喜好，如果客户对竞品有好感，就不要对竞品的弱势过于强调，而是将自己的产品与竞品对比的优势摆在客户的面前，用事实说话，让客户自己判断。

5.6 假设成交法：您更喜欢单品还是套装

产品介绍中，假设成交法是一种非常有效的方法，即销售人员给客户营造一种他已经拥有了产品的感觉，之后销售人员再对产品的功能和用法进行介绍时，客户就会把注意力集中到销售人员的介绍和展示上。

在销售过程中，这种方法具体是指销售人员根据客户的意愿，判定他们有了购买产品的意图，并假设客户已经购买了产品。在这种情形下对客户讲解产品的功能，客户就会认为产品是自己的，对于自己物品的功能和操作手法的知识学习会更加上心，因而会在最后的销售过程中更容易接受产品的售卖。

举例来讲，销售人员在向客户推荐一款单反相机时，可以向客户说："您拿着这款相机去旅游肯定非常享受，带上您的女朋友，为她多照几张照片，再照一些风景，美女加风景，是多好的回忆啊，你拿着这款相机去旅游，身上的文艺气息也是非常浓厚的。"

在这种氛围中，客户就会体验自己拥有产品的感觉，如果最后不购买产品，那么他就会产生一种失落感。通常，销售人员成功使用了假设成交法时，客户就会非常痛快地买下产品。

下面是一个具体的销售场景，可从中体验到假设成交法的具体应用。

销售人员："欢迎光临，请随便看看，如果有需要可以叫我。"

客户："你好，我想看一下护肤品，你能为我介绍介绍吗？"

销售人员："好的，请问您想买什么护肤品呢？保湿水还是洁面？"

客户："保湿水吧。"

销售人员："这样，您看这一款，和您的皮肤肤质很像，您可以试试。"

客户："好，那我先试试。"

销售人员："您感觉怎么样？"

客户："还可以，挺水润的。"

销售人员："对啊，我们的这款产品保湿性能特别好，您家里还缺别的护肤品吗？"

客户："还差眼霜。"

销售人员："那好办，正好我们店里打折，您就选这款系列产品吧，我现在就给您去拿，您更喜欢单品还是套装？"

客户："套装。"

销售人员："好的，这是套装，您用过之后，皮肤肯定会变得水润有光泽，下次我见您的时候，说不定就不认识那么年轻的您了！"

客户："哈哈，你可真会说话，开票吧。"

销售人员："好嘞，您慢走。"

从上面的销售场景中大家可以看出，假设成交法在实际的销售过程中发挥了重要作用，如果销售人员运用好这一方法，就会取得非常好的销售业绩。那么，销售人员该如何应用这一方法呢？下面就为大家具体地介绍一下。

1. 先行详细介绍产品

销售人员想要恰当地使用假设成交法，首先要对产品有详细的了解，要对产品的外形、功能、品质等要素进行分析，以便向客户展示和介绍产品。

2. 找出产品的核心卖点

销售人员了解了产品的基本信息后，还要找出产品的核心卖点，并对核心卖点进行多角度分析，找出产品设计、生产、营销等方面的优势。从而在向用户介绍产品时，有胸有成竹的自信，让客户对产品的核心卖点产生兴趣，从而实现产品的购买。

3. 对核心卖点进行假设性讲解

集中讲解有利于增加产品在客户心中的分量，让客户对产品有更为深刻的印象。所以，销售人员在使用假设成交法时，可以对核心卖点进行集中讲解。在假设性讲解过程中，销售人员要选择好时机，让客户感到产品就是自己的，这样就会使产品更加顺利地完成销售。

💡 **小·提示**：销售人员在使用假设成交法时，一定要紧紧抓住客户的心理感受。如果销售人员能够让客户有一种产品属于自己的感觉，那么这种方法才能奏效。所以，销售人员一定要学习和掌握上面的知识。

5.7 预先框式法：用"核酸营养"替代"保健品"

预先框式法也是销售人员常用的产品介绍方法，销售人员在进行产品介绍时，有时客户会对销售人员或产品存在偏见，这往往会影响销售过程中的产品介绍和成交。所以，销售人员就可以用预先框式法应对这类客户。

科学研究表明，人们在判断某一事物时，思维往往受到局制。这一局限会限制人们的思路，从而做出了并不符合实际情况的决定。这一现象也叫作头脑框式，即大家比较熟悉的刻板印象。

在销售过程中，很多客户头脑中都存在类似的框式，即对产品推销的抗拒。因此，销售人员想要产品介绍取得好的效果，就要在客户的脑海中预先设置一个有利于双方沟通的"框式"，即本节所讲的"预先框式法"。

举例来讲，在大环境的熏陶下客户常常会对某种产品存在偏见，销售人员为了向客户介绍产品，就要将自己的产品介绍区别于某种产品的介绍，在这个过程中可以用"核酸营养"替代"保健品"，减少客户对产品的偏见和抗拒。

事实上，预先框式法适用于很多销售场合，销售人员只要灵活运用，就可以对促成产品成交起到十分积极的作用，下面是预先框式法的使用流程。

1. 预先框式客户身份或地位

在使用这一方法时，销售人员首先要预先框式客户的身份或地位。这种框式应该是积极正面的，如预先框式面前的客户是一位成功人士，这会让客户觉得自己是一位成功人士，在身份和地位上有着很大的优势，并拥有很高的素质和优秀的才能。这样，客户就会感到销售人员对他们的尊重和赞美。

举例来讲，销售人员在使用这一方法时可以对客户说："您在这方面的成绩非常令人瞩目，况且您一直走在行业的前列，是行业的领军人物。所以，您一定不会像那些没有主见的人一样动摇您的决定……""您是采购部的主管，您有足够的权利决定成交事项，况且我们这次的成交额也不太高，所以，部门里其他人只是能提一些意见，肯定不会影响您的明智决定……"

销售人员按照上面的话术对客户身份或地位进行预先框式，就能够让客户的心里产生喜悦感，进而为接下来的产品售卖打下良好基础。

2. 预先框式客户的决策能力

在前一步做好后，销售人员还要对客户的决策能力进行积极的预先框式。预先对客户的决策能力进行夸赞和框式，可以进一步增强客户购买产品的决心。如销售人员可以对客户这样说："您在工作上是如此认真负责，我相信肯定能够做出最明智的选择……""按照您丰富的工作经验和如此高的眼光来判断，您一定会选择出最适合您的产品……"等。

通过这步预先框式，销售人员就能够让客户的自尊感和虚荣心得到满足，从而产生"自己的决策是非常正确、明智"的想法，为下一步的产品介绍做好前提准备。

3. 预先框式所售产品的定位

当前两步工作做好后，销售人员就要进入这种方法的核心步骤，即预先框式所售产品的定位。通过前面的准备工作，销售人员已经让客户对自己和自己的选择有了很强的自信心，他们相信自己拥有明智的决断力和判断力。

之后，销售人员要将产品预先框式好，告知客户产品的质量和品质都非常高。例如，对客户说："我们公司的产品质量、价格和服务都能满足您高品质的需求，您这么有眼光的人肯定是会认可我们的产品的，对不对？""与我们这样的大公司合作是最符合您身份和地位的决定了，不是吗？"等，这样就能够将话说到客户的心里去，从而实现产品的销售。

> **小·提示**：销售人员在采用预先框式法时，要注意语言的灵活运用和自己的语气和神态等方面的配合，最关键的是要向客户传达出自己所说的都是真实的感觉，让客户感受足够的坚定和自信。这样，客户才能充分信任销售人员，利于接下来的产品销售环节的开展。

情景测试

情景测试 1：客户询问这款冰箱产品的优点，作为销售人员如何直观地说出来？

答案：_____

_____

参考答案：一天最多两度电，您一天可以省可以 3 元，一个月就可以省下 90 元。"

情景测试 2：一位女士对美容产品的美白功能不太相信，如何做才能让客户相信呢？

答案：_____

_____

参考答案：美女，您不妨先简单地试一下，伸出您的手背，五分钟就能有效果了哦。

情景测试 3：在与客户推荐产品时，客户拿竞品进行比较，与竞品相比，自身的产品属于价格高、质量好的类型。作为业务人员如何与客户说？

答案：_____

_____

参考答案：是的，您说的那款产品确实比我们的产品价格低一些，不过我们的产品属于大品牌产品，质量也是有保证的。

情景测试 4：客户在挑选产品时比较犹豫，作为业务人员如何与客户说？

答案：_____

_____

参考答案：您是喜欢单品的，还是组合套装的呢？您是喜欢深色的，还是喜欢浅色的呢？

第 6 章
攻人攻心：不同心理，各个击破

客户的种类有千千万，其购物的心理也是多种多样的，销售人员要想在销售过程中将话说到客户的心里去，让客户顺利地完成产品的购买，就要对不同客户的不同心理有所了解和掌握，本章就为大家介绍不同客户的不同购买心理以及应对这些购物心理的具体方法，帮助大家在销售过程中攻人攻心，针对客户的不同心理，各个击破。

6.1 从众心理：排队抢购现象

从众心理是产品售卖中的一种常见心理，如果销售人员能合理地引导客户的这种心理，就能够让客户相对顺利地完成产品的购买。本节就为大家介绍销售过程中利用从众心理攻破客户心理防线的知识。

从众心理是心理学中的核心知识之一，它指的是个体受到外界大众行为的影响，从而使自己的感知能力表现出和大众行为相一致的方式。社会上不少人独立意识不强，所以从众心理是一种普遍存在的大众心理现象。

在从众心理的表现中，"跟随大多数人的脚步"是从众式购买心理的核心要素，拥有这种消费心理的客户对周遭的社会环境十分敏感，他们经常会跟随时代的发展趋势，既不会落后于他人，又不会过于标新立异、主动引领时尚的潮流。所以，他们往往会购买大众都认为很时尚并且都会购买的东西，以此来满足心理需求。

举例来讲，当有人在购买一款产品犹豫不决时，如果销售人员对客户说："这款产品供不应求，大家都排队购买。许多人都购买了这款产品。"客户就会对产品产生信赖感，他们在下定决心购买时就会觉得"即使上当，也不会

072

是自己一个人"，从而在心理上对产品产生了一种安全感。

这就是典型的从众心理的表现。在推销产品的过程中，如果销售人员向客户说"大家都买了"等类似的话或故意制造排队购买产品的现象，就能够让客户下定决心购买这种产品。

在实际销售过程中，常常会有客户主动问销售人员："买这款产品的人多吗？""这款产品适合哪些人？"其实，这时客户想要表达的意思是，这款产品值不值得信赖，是不是经过很多人的检验。如果销售人员告诉客户"这款产品卖得很火"，那么客户就会增强购买产品的欲望，这也充分体现出了客户的从众消费心理。

既然销售过程中从众心理的作用非常重要，那么如何才能充分发挥客户的从众心理呢？

1. 排队抢购现象

产品在销售过程中，如果出现排队抢购的现象，就会在很大程度上刺激客户的购买欲望，如苹果手机在发售时，客户常常会在晚上就排队抢购，这在某种程度上给客户传递了"产品很畅销，大家都在买，自己现在不买，产品就没有了"的感觉，从而使客户对产品产生强烈的购买欲，刺激客户也去排队购买，以跟上大家的步伐。

2. 发挥产品的口碑效应

口碑效应是人们对某种产品有相对一致的评价，如果产品的质量或品质非常好，就能形成良好的口碑。客户在购买产品时，就很有可能选择口碑良好的产品，这也是为什么很多年轻人的经济收入并不高，还要花费大价钱购买苹果手机或苹果电脑的原因。

销售人员在对客户进行产品推荐时，可以向客户说"产品在业界的口碑非常好"，这样客户就会对产品的质量产生信任感，从而选择购买销售人员推荐的产品。

3. 利用产品的人气好评

以电商销售为例，很多客户在网购时都会参考产品的销量和好评指数。因为客户仅仅通过参看店铺的产品介绍和图片得到的信息是不够的。所以，在决定购买时，客户都会参考店铺的好评率。当销售人员对客户说产品的好评率很高时，就潜意识地为客户传达了产品有很多人购买的信息，这既能证明产品的品质好，也能刺激客户进行从众购买。

4. 巧用明星效应吸引客户

在产品推销过程中，销售人员通常会利用产品的明星效应来宣传产品。用明星的代言和使用情况来达成快速销售产品的目的。如前几年大火的微商就经常在朋友圈里发布"客户们，化妆品品牌的周年庆祝会上邀请到了著名影星×××哦……"又或者使用"某某明星使用了客户们的面膜后，更加美丽动人了"，这样的话术就很巧妙地利用了客户的从众心理，使客户在心理上得到了安抚和安全保障，大大提高了产品促销成功的概率。

> **小·提示**：销售人员利用客户的从众心理推销产品，目的是为了提高产品推销成功的概率。但是，需要提醒大家的是，不要为了加大推销成功的机会而不讲职业道德，欺瞒用户，虚张声势这种做法如果让客户发现，只会引起客户的强烈反感，时间久了就再也不会取得客户的信任。

6.2 求异心理：独家定制

求异心理是指客户在购物过程中，往往非常注重新鲜奇特的产品，这种追求不同的心理需求被定义为"求异心理"。

求异心理是销售过程中客户经常出现的一种心理，在这种心理的带动下，客户会对新产品表现出独有的喜爱和追求，通过购买新潮、时尚的产品来满足自身需求，如独家定制、独此一份等宣传语会在很大程度上刺激客户的购买欲望。

满足客户的求异心理是销售人员完成产品推销的重点。销售人员在向客户推荐产品时，应该采用向这类客户阐释产品的新颖、与众不同的产品展示方法，让客户意识到产品是新上市的，其独特的设计风格和时髦的款式是别人所未拥有的，这种新鲜奇特的产品非常值得客户拥有，并且客户在购买产品后会在社会上引领新的潮流。

在销售过程中，如果让客户意识到出售的产品是当下最时髦的产品，而且不久之后还会掀起一阵潮流之风，有越来越多的人购买了该款产品，那么就会成功地抓住客户的心，使其产生想要购买的冲动。

除了让客户感到产品具有新鲜奇特的特点之外，销售人员还可以告诉客户自家的产品是独家定制的，利用"独家""定制"这些字眼，宣传产品的独特性和稀有性，让客户感受到自己所购买的产品是市面上的独一份。这样就会大大满足这类客户的求异心理。

下面大家来看一个应对客户求异心理的销售场景，通过这个场景，学习销售人员应该如何将话说到这类客户心中去，从而促成产品的销售。

销售人员："您好，欢迎光临××珠宝店。"

客户："你好。"

销售人员："请问您今天过来是想选金饰还是钻戒呢？"

客户："钻戒。你们店里有没有新到的钻戒？前两天来都是老款，一点新意都没有。"

销售人员："您来得正好，昨天刚到一批最新款式的钻戒，您这边请，我给您介绍介绍。"

客户："好，样式不是新款我可不要。"

销售人员："好的，您这边请，您看这些钻戒都是新到的，这些产品都是德国著名珠宝设计师设计的，我们店费尽千辛万苦才取得授权，所以，这可以说是咱们这儿的头一份，别处可买不到呢。"

客户："是吗？我看看。"

销售人员："您看，这款式、这材质，多新奇啊。"

客户："还行，比原来那些好多了。"

销售人员："那您从这里边挑一款？"

客户："好，那我看看。我看这几款也有相似的，很容易撞款吧。"

销售人员："那您选这款吧，这一款和所有的款式都不同，听店长说这是设计师推出的主打款，全球限量出售 100 只，您买了之后，保证是身份的象征，在朋友圈中也是独一份。"

客户："那好，就要它了，包起来吧。"

从上面的案例中大家可以看出，销售人员在面对求异心理的客户时应该采取积极主动的话术，告知客户产品是独家定制或是最新款式的，这会使客户对产品更加有好感，使其求异心理得到满足，从而顺利售出产品。

需要提醒大家的是，销售人员应该懂得揣摩客户的求异心理，因为客户对于自己的需求可能不太清楚，只是有一个模糊的印象，如果销售人员能够主动为客户挑选出符合他们需求的产品，就能够让客户对产品和销售人员产生好感，从而使产品的销售过程更加顺利。

小提示：求异心理是一种追求与众不同的心理，拥有这类心理的客户在购买产品时最看重的是产品之间的差异性，所以，销售人员为了满足客户的需求，就要从产品的新奇、独特性入手对产品进行介绍，以此来促成产品的销售，但销售人员必须保证"独家"的真实性。

6.3 占便宜心理：跳楼大甩卖

占便宜心理也是客户的常见心理，在生活中，几乎所有人都会有占便宜的心理，想要在购买产品的过程中少花钱、多得东西，这种心理也叫作求利心理。

通常，这种心理比较强烈的客户经济能力有限或消费观念比较节俭。他们非常看重物美价廉的产品，希望从产品中获得较高的利益。在产品相同的情况下，他们会非常关注产品的价格，如果他们对价格不满意，就不会出手购买，销售人员也就无法出售产品了。

基于客户的这种消费心理，不少销售人员也制定了相应的应对策略。比如，女性用户在购买衣服时，经常会砍价，如果销售人员不降价，她们就会透露出不买产品的意愿。

这时，销售人员就会表现出十分亏本的妥协态度，以"本店的这款衣服库存不多了，现在就便宜卖给你吧""感觉您为人很亲切，就给您这个价位吧，希望以后常来光顾本店铺哦"的言辞来让客户享受到"优惠"。客户会在这时感到非常满意，觉得自己比别人买到了更加优惠的商品。

优秀的销售人员常常利用客户的这种占便宜心理，喊出"跳楼大甩卖"之类的产品促销语，让客户产生购买该产品是非常占便宜的心理，这样销售人员就能够快速将自家的产品推销出去了。

那么销售人员该如何正确运用客户占便宜的心理呢？其实，最直接有效的方法就是各种各样的促销手段和方式。举例来讲，销售人员常常在产品的包装上贴上"促销价"三个字，让客户感受到产品的便宜，从而愿意购买产品。

销售人员通过促销活动，让客户感受到产品已经降价，现在购买产品是超值的。这样，客户就会去主动购买产品。下面就为大家介绍一下销售人员经常使用的促销方式。

1. 组合促销方式

组合促销方式有很多种，常见的有捆绑式促销、赠送式促销等。这种方式指的是把关联性不强的产品联系在一起，进行捆绑式统一营销，利用产品的优势特点，来提高另外一种产品或者几种产品的销售量，以此获取产品销售的最大利润。

举例来讲，大型商场在搞促销活动时，如果客户购买的商品达到了一定金额，便可以享受一些其他商品的折扣优惠，如赠送客户一些洗衣液、肥皂等耐消耗、利润低的产品，以此来介绍和推广新产品。

2. 指定促销方式

指定促销方式是指促销活动中事先指定好产品或对产品有明确的数量限定，以这种方式来让客户清晰地认识到促销的目标。例如，"前十名客户专享半价优惠""母亲节特惠价"等，这些都是指定促销方式中的表现形式。

销售人员使用这种促销方法，很明确地让客户意识到产品的价格是相对低廉的，客户购买产品时，会得到一定的优惠。这迎合了客户占便宜的心理，使客户顺利购买产品。

3. 时令促销方式

时令促销方式是根据季节使用的产品促销方式，适用这种促销方式的产品通常是一些季节性较强的产品，如衣服、时令水果等。到了季末的时候，销售人员就会采用促销的方式将这些产品便宜卖出去，这时存有占便宜心理的客户就会对这些产品表现出浓厚的兴趣，销售人员就可以抓住这一机会，对产品进行促销。

另外，销售人员还会使用"满就送""满立减""一元购物""九块九包邮""一元秒杀""全场四十五元"等产品促销方式招揽客户，以利用客户占便宜的心理来完成产品的销售。

💡 **小·提示**：销售人员在利用客户的占便宜心理促销产品时，一定要把握好方式和分寸，一方面要提高产品的销量，另一方面也要确保客户得到真真正正的实惠。如此做法，才能够长久地留住客户的心。

6.4 懒人心理：送货上门、货到付款

科技在让生活更便捷的同时，也养成了人们对科技的依赖，人们越来越倾向于足不出户就完成产品的购买，这一趋势推进了懒人服务的进程。懒人服务针对的是懒人心理。

销售人员在进行产品售卖的过程中，针对有这种心理的客户可以使用"送货上门、货到付款"的方式进行产品的销售，这样就能够让客户享受到购买产品的便利，从而愿意多次购买产品。

为了满足"懒人"的购物需求，产品销售的形式也越来越朝着多元化方向发展，线上线下的商铺都针对这部分"懒人"客户做了针对性的产品销售策略。一方面，天猫、京东、1号店等大型购物平台的产品线正在不断发展，吸引更多的实体零售商加入网上商城，创建统一化的生活服务平台。

另一方面，网上也出现了越来越多的细分的行业类购物网站，诸如餐饮、家用电器、书籍等，这给客户提供了更多的选择；此外，苏宁易购等一批传

统企业也相继涉足电子商务领域，希望全方面发展，多渠道销售。

与此同时，随着 4G 网络和 Wi-Fi 的普及，人们购物的渠道也开始从电脑逐渐向移动智能终端延伸，在淘宝、京东等商城中已经出现了各种手机客户端，移动电子商务迅速在生活中蔓延开来，这些新趋势的出现就充分表现了人们的懒人心理越来越强烈。

针对这一现象，销售人员为了获得更多的产品销售订单，就要寻找应对客户需求的方法，多使用"送货上门、货到付款"的方式来获得客户的信赖和青睐。

销售人员在使用这一方式时，应该从以下几个方面入手。

1. 简洁的产品介绍

简洁的产品介绍是针对懒人心理而制定的特殊产品介绍方法，在进行产品介绍时，销售人员只需要将产品的核心卖点和功能展示出来，这样就能够帮助客户节省购物时的查看时间，增加产品在这类客户心中的好感。

在购物的过程中，凌乱是客户完成购物流程的最大阻力，尤其是在网上购物时，如果客户看产品看得眼花缭乱，就会变得烦躁和气馁，从而放弃挑选自己想要的产品。销售人员此时应该做的是让自己的产品介绍尽可能简洁，既能突出产品优势，又能让客户轻松获知自己需要购买的产品信息，一举两得，促成产品的销售。

2. 便捷的支付方式

支付方式便捷也是应对客户懒人心理的具体方法之一，客户在购买产品时，可能会有忘记带现金，或忘记带银行卡的时候，这时就需要销售人员拿出一套快捷的支付方式，完成产品的付款，如开通微信支付、支付宝支付等方式，用手机就可以完成消费支付。

这样，客户就免去了烦琐的支付环节，对购物环节的简洁、流畅有更好的体验，从而让客户省去了更多的麻烦，节省了更多的时间。这不但让客户能够充分享受到购物的喜悦，而且在很大程度上满足了客户的懒人心理。

3. 优质的售后服务

优质的售后服务也是"懒人"客户关注的一大要素。以大件产品的购买为例，如果客户购买的是一组大的壁橱，这就需要专人进行搬运和安装，这时，客户就会担心产品的运输和安装问题。如果销售人员能够为客户提供"送货上门、货到付款"的服务，就会解决客户的懒人忧虑问题，痛快地下单购买产品。

所以，在应对有"懒人心理"的客户时，销售人员要对产品的售后服务加以重视，尽可能地满足客户的需要，为客户打开方便之门，减少购物的环节和流程，提高客户购买产品的概率。

> 💡 **小·提示**：销售人员在针对客户的"懒人心理"进行产品导购时，要抓住"为客户提供方便"这一核心原则，通过调整一些产品的销售过程，为客户排除不必要的信息干扰，最大限度地为客户考虑，为其提供便利，让客户主动选择产品进行购买。

6.5 后悔心理：七天包退、三个月包换

后悔心理也是销售过程中常见的一种心理，有这种心理的客户在购买产品前往往对产品表现出不信任，常常会带着一种"买东西会吃亏"的心态。所以，这类客户在购买产品的过程中，会对产品的质量、功能、性价比等一系列问题进行详细的询问，并且不太信任销售人员所说的话。

因此，销售人员在遇见这类客户时，应该主动地了解客户对购买产品的担心和疑惑，并针对他们的顾虑进行一一解决，从根本上打消客户的疑虑，彻底消除客户的后悔心理，从而使产品的销售更顺利。

一位金牌销售经理曾经说过："一名优秀的销售人员，不是要打动客户的脑袋，而是要打动客户的心。"因为心是离客户钱包最近的地方，是客户的感情。这意味着一名合格的销售人员要通过打动客户的感情，促使客户产生购买产品的想法。

举例来讲，微信朋友圈中有卖面膜的商家，他们常常会遇见很多客户反

反复复咨询产品的质量、价格和性价比等信息，而且常说的一句话就是："如果能够优惠的话，那我就购买产品。"分析和思考这个行业出现这种状况的原因，就是因为客户对从朋友圈中购买产品存在着很严重的后悔心理。

这些客户在购买产品的过程中之所以讨价还价，是因为害怕自己会吃亏上当。这类客户常常认为所有的行业都是暴利机构，自己购买任何产品都会让商家获得很高的利益。

其实，客户有这样的心理也情有可原。现今，商家打折促销产品随处可见。举例来讲，一件价值3000元的产品，找个借口就能够优惠6折，售价掉得让很多客户大跌眼镜，因此会从内心深处对网上的一些商品产生质疑。

这样的情况见得多了，客户就会产生"这款产品一定是故意抬高价格，然后再打个折，其实还赚取了不少利润"的想法。客户一旦对产品有了这样的想法，在购物过程中就易于产生后悔心理，认为自己买得早、买得贵。这样客户就不愿听销售人员的产品介绍，还对产品产生疑虑心理。

针对客户的后悔心理，销售人员在销售过程中一定要让客户减少和消除他们的后悔心理，让客户充分了解到，任何一种产品都不可能是十全十美的，并让客户感受到购买产品的最大好处在哪里，以此来满足客户对产品的需求以及减轻客户的后悔心理。

销售人员在面对这类客户时，最有效的方法就是为其提供优质的售后服务，让他们完全放心，即使在使用过程中出现了一些问题，也能够通过售后服务来解决。如果承诺"七天包退，三个月包换"的售后服务，就能打消客户在购买产品过程中的疑虑，减少他们的后悔心理在购买产品过程中的影响程度，促成客户对产品的购买行为。

> 💡 **小·提示**：销售人员在面对存在后悔心理的客户时，促成产品顺利销售的利器是为其提供无忧的售后服务，让客户感觉到自己还有反悔的机会，能够让自己的利益得到最大化补偿。

6.6 好面子心理："用玫瑰金 iPhone 6s 有面子"

在中国，人们都对面子比较重视，认为自己出门在外面子最重要，所以，人们为了面子，就会对一些名牌产品特别重视，认为自己有了这些名牌产品，自己的面子也会随之提升。

从心理层面上看，好面子心理是一种以彰显地位和声望为主要目的的购买动机。这类客户一般都会选购知名品牌，以求得心理上对名利和威望的满足。具有这种心理的客户，在社会的各个阶层都很常见。

在当今名牌盛行的社会中，经济比较充裕的客户在衣食住行各个方面往往会选用名牌产品，因为名牌产品除了在品质等方面能够让客户比较放心外，还能够体现客户的富庶家境。

所以，大部分客户在购买产品时，往往会更多地考虑该产品在众多亲朋好友面前是否有面子，在这种心理的驱动下，客户的消费能力常常会超过购买能力。

苹果手机在营销方式上使用的是饥饿营销模式，这种营销模式以及自身产品的质量和性能让客户感受到了产品的稀有和超高价值，人们在购买手机时，常常会以买苹果手机为荣，认为高端苹果手机非常有面子。

尤其是 2015 年推出的苹果 6 系列更是抓住了人们好面子的心理，增加了手机的颜色，其中以土豪金的销量最为明显，在中国市场，人们以"用玫瑰金 iPhone 6s 有面子"为购买苹果手机的主要目的，大批客户争相购买玫瑰金 iPhone 6s，以满足自己有面子的心理。

除了苹果手机的营销方式，其他产品也可以适当地利用客户"好面子"的心理来推销产品。

销售人员："欢迎光临，您要购买手机吗？"

客户："是的，过来看看手机。"

销售人员："您这边看，请问您想要什么样的手机呢？"

客户："你们店里有苹果手机的现货吗？"

销售人员："有的，您这边请，一看您就是有钱人，今天就是奔着苹果手机来的吧。"

客户："嗯，就是想看看苹果的手机。"

销售人员："您买手机是自己用还是给孩子用啊？"

客户："我看看，如果好的话，就买两部，我一部，孩子一部。"

销售人员："您可真大气，对孩子也好，您是做生意的吧，您在这儿一坐，就有大老板的气质啊。"

客户："哪里，哪里，就是做点小生意。"

销售人员："您真谦虚，您看，这就是新出的苹果 6 代手机，这款手机新增了玫瑰色的款型，网上都称这款手机为土豪金手机，可以说拥有这部手机的人都是有钱人，我推荐您就买这款手机，您把手机一拿出来，就能够彰显您的地位，多有面子啊。"

客户："呵呵，那我就买这一款？适合我吗？"

销售人员："您就听我的，这款手机绝对配您，一样的富贵大气。"

客户："好，那我就要这部手机了，帮我包起来吧。"

以上就是销售人员利用客户好面子的心理推销产品的销售场景实例，从上面的知识介绍和销售场景中，大家可以发现，在销售的过程中，好面子几乎是所有客户都会有的一种心理，销售人员如果能够恰当地利用这一心理，就能够让客户对产品更加满意，从而愿意出钱购买产品。

销售人员在实际的产品介绍时，应该学会巧妙地运用客户的这种心理，在销售的过程中，多去赞美客户的眼光，并且以产品的知名度和人们对产品的认可度去打动客户，这样会让客户感觉到十分有面子，使产品更顺利地售卖出去。

💡 **小·提示**：虽然好面子的心理非常普遍，但是销售人员在对客户进行产品推销时，还要根据客户的不同类型进行选择是否使用这一方法，毕竟不同客户的购买能力不同，如果向一位经济实力较弱的客户推销奢侈品，就会起到适得其反的效果，失去产品交易成功的可能。

6.7 炫耀心理："没有 ××× 就不叫成功男士"

炫耀心理也是客户在购物过程中常见的心理，这种心理与前面的好面子心理很相似。有炫耀心理的客户在购买产品时也会出现追求名牌、购买奢侈品的现象，当他们认为产品有可以炫耀的价值时，就会将注意力转到产品上去，并愿意购买这一产品。

根据客户的这一心理，销售人员在介绍产品时，应该对客户多讲赞美的话，让客户以买到该产品为荣。认为该产品能够彰显自己的地位和品位，如客户在购买×××手表时，出现了犹豫不决的态度，销售人员就可以利用客户的炫耀心理，告知客户"没有×××就不叫成功男士"，客户就很可能会因为要满足自己的炫耀心理，产生一种"我是成功男士，所以我必须买×××的手表"的想法，大大提高产品成交的概率。

其实，销售人员在销售产品时常常遇见这类客户，所以他们就巧妙地利用客户的炫耀心理来促成产品的销售，下面是实际销售过程中利用炫耀心理的一个销售场景。

玛莎拉蒂是世界顶级的豪车品牌，除了实体店销售产品外，还在天猫开通了旗舰店，在线上出售汽车产品。在其线上店铺开张之日，玛莎拉蒂推出了100辆玛莎拉蒂levante的新款车型，不到18秒的时间，这100辆豪车就被抢购一空。随后，玛莎拉蒂不得不又追加了500辆该车型的预定名额，以满足客户的需求。

这些购买玛莎拉蒂的客户除了对汽车产品的喜爱，也一定程度上存在着炫耀心理。

客户："拼搏那么久，终于有能力购买梦寐以求的跑车了。朋友给我推荐了新上市的玛莎拉蒂levante，你能为我介绍一下吗？"

销售人员："其实，购买玛莎拉蒂的客户大多都像您一样年轻有朝气、富有激情而且特立独行。如果您对美有独特的追求，而且希望在追求成功的道路上能够得到别人的尊重和认可，更快地实现人生价值，那么玛莎拉蒂就是您最好的选择。"

客户："不过，这款新上市的玛莎拉蒂levante的价格貌似不低。"

销售人员："玛莎拉蒂本身就属于奢华品牌，其潜在价值不是用金钱可以衡量的。因为玛莎拉蒂品牌定义的不仅是舒适、豪华和个性，更是一种人生态度、生活品位的象征。"

客户："确实，这就是豪车的价值所在，我再考虑一下，稍后再联系你。"

结果，1个小时过后，客户就决定买下这辆车。其中，客户对产品的热爱是购车的一方面原因，另一方面的原因就是产品能够显示拥有者的尊贵，可以向周围的人低调地"炫耀"自己的成功。

从上面的案例中大家可以看到，客户在购买产品时不仅关注产品的实用功能，还会对产品的形象功能、宣传功能有特定的要求，销售人员在介绍产品时，也应该关注产品的形象塑造价值和品牌宣传价值，让产品的购买价值最大化，从而促成产品的销售。

> 💡 **小·提示**：针对客户的炫耀心理，销售人员要特别强调产品的外在宣传价值，让客户产生"买了产品就会受人夸耀、自己的身份地位与众不同"的感觉。如果客户感受到了产品的这一优势，就会大大增加客户的购买概率。

6.8 稀缺效应：限时、限量、限购

稀缺效应是指东西越稀有，人们的占有欲就越大。基于这一消费心理，销售中常常使用"限时促销""限量××件""每人限购×件"的方式吸引客户进行购买和消费。稀缺效应在生活中较为常见，例如，每年春节的限量版邮票，就非常受追捧。

在销售过程中，稀缺效应是促使客户尽快成交的一种有效方法。这种方法之所以有效就在于它让客户感觉到，如果不立即行动就再也没有购买机会了。设想一下，当你犹豫不决不知道要不要购买一件衣服时，如果这件衣服明天还有，并且价钱不变，你会确定马上买下它吗？大部分人的做法是先回家想想，考虑好了再回来买。但如果这时销售人员对你说合适的尺码就剩下一件了，很快就会被别人买走，那么你当时买下的可能性就很大。

杨刚是一家保健器材公司的销售经理。有一次，他去拜访客户金董事长，准备推销一套老年人使用的保健器材。和金董事长寒暄之后，杨刚开始向金董事长介绍自己的保健器材。

金董事长："真是不好意思，我工作比较忙，哪有时间锻炼呀！如果需要的话，我会给你打电话的，把你的名片留下怎么样？"

杨刚知道金董事长在下逐客令，赶紧递出自己的名片，然后接着说："我知道您工作忙，事实上我也认为您没有必要购买保健器材。听说您的母亲就要过六十大寿了，刚才我还在小区里见过她，身体状况看上去很不错啊，老人家肯定会很长寿的。"

金董事长："哎，人毕竟老了，虽然平时非常注意养生，但身体也是一天不如一天了。"

杨刚："老年人重视养生真的是非常好，但平时还是要做些运动才行。我母亲也50多岁了，但每天锻炼一个小时，身体的抵抗力提升了不少，头疼感冒都很少有了。"

金董事长："我母亲以前也经常锻炼身体，可如今不行了，稍微一动就觉得累。我现在最担心的就是母亲的身体了。"

杨刚："我们公司的这套健身器材正好比较适合老年人用，运动幅度也不是很大，用起来也安全方便，正好可以帮助老年人锻炼身体呢。再说老人家正要过60大寿，如果您这时送她这份礼物，不正是祝她健康长寿的意思吗？"

杨刚趁机把保健器材的所有好处都说了个遍，当看到金董事长已经流露出购买意愿后，杨刚接着说："您想想，如果您没有在母亲60大寿的时候送她一件有意义的礼物，她一定会感到很失望。我们的保健器材既有实用性，又能让她老人家感受到您的孝心，一举两得，多好的事啊。"

金董事长："让我再考虑考虑吧，等我决定下来再找你。"

杨刚怎么会放过这个成交机会，开始使用撒手锏："由于这种针对老年人设计的保健器材成本很高，公司只进了十台，而现在只剩下两台了。如果您现在不买，等您想买的时候恐怕这两台已经售完了。公司是不是继续进货我也说不好，就算等到进货，可能已经错过了您母亲的60大寿，那岂不是太遗憾了？"

金董事长："这样啊，那这样好了，我现在就定下这款保健器材。等到我母亲生日那天，你给我送到家里来，我想给母亲一个惊喜！"

案例中的保健器材本身并不是稀缺产品，但是杨刚告诉客户"这种保健器材只剩下两台了，而且可能不再继续进货"，给产品创造了稀缺环境。客户害怕自己失去购买机会，错过母亲的生日，所以选择了马上下单。

奢侈品因为原材料稀缺、制作工艺复杂，所以价值高，受到了客户追捧，比如爱玛仕手袋、香奈尔香水等。对于本身不稀缺的普通产品来说，就需要销售人员创造稀缺来促进销售。具体来说，销售人员可以从以下三个方面为产品创造稀缺感，让客户迅速签单。

1. 从产品特性方面入手创造稀缺感

一般来说，稀缺性产品是指具有排他性、难以复制性、不可替代性的产品。如果你的产品满足了某一个方面的要求，就可以提取产品的稀缺特质向客户加以描述，越是稀缺的产品就越不容易被客户讲价；若产品不具备稀缺性，那么就只能从产品的材料、质量、服务、价格等基本属性入手。只要抓住客户最看重的属性，客观而有技巧地进行阐述，表现出产品的差异化条件，就能让产品显得与众不同。

例如，同一件产品在不同地方的稀缺性就不同。法国的依云矿泉水在法国是非常大众的，但是到了中国就很稀缺。如果产品是外国品牌，就可以将进口作为切入点，宣传产品在中国的稀缺。可以说，只要给产品找准特质，它就能变成稀缺产品。

2. 限量销售创造稀缺感

限量购买是线下大型商场经常使用的手段。限量购买的方式非常容易吊人胃口，客户担心产品少，被其他人捷足先登，大家就会争先恐后地抢着买。

无论是产品数量有限，还是赠品数量有限，又或者是特价产品数量有限，都会给客户带来稀缺感。当客户对一件产品表现出好感时，销售人员就可以告诉他："这件产品卖得很好，但是货源短缺，只剩最后一批了，特别抢手。""赠品只剩下几件了，刚才又被一位客户拿走一件，马上就要卖光了！""特价产品只剩 9 件啦，卖完这 9 件就恢复原价。"这种说法往往可以促使客户做出立即购买的决定。

3.限时销售创造稀缺感

很多人都有这种体验：如果你做的事情有最后期限，那么你就会有压力，从而迅速采取行动将它完成；如果没有最后期限，你可能会一直拖延下去。销售也一样，如果给客户规定一个购买的最后期限，那么他做决定会容易得多。

例如，告诉客户"今天是促销的最后一天"，由于担心错过机会，客户会产生心理焦虑，这种焦虑会促使客户下单。超市经常利用"每周日上午供应两元/斤的特价鸡蛋，每人限购两斤"之类的广告促进产品销售。

在销售中，很多销售人员都知道利用稀缺效应促进销售。这种心理战术的运用比较简单，甚至在原来量产产品的基础上附加上一些其他特征，就能衍生出一批"限量版"产品来。

> **小·提示**：在使用稀缺效应时，核心思想是让客户感受到产品的稀缺。所以，销售人员要根据实际的销售过程，对客户进行相应的话术转变，灵活应对客户的提问，从而营造一种产品稀缺的现象，让客户立即下决心购买。

6.9 明星效应："我们的面膜是范冰冰代言的"

产品介绍中，销售人员也常常使用明星效应。如果销售人员在推销化妆品时，向女性客户说"范冰冰是我们的代言人"，那么就能够在很大程度上吸引消费者的关注，而且，这一效应中还添加了权威效应的作用，更能使客户产生购买欲望。

2016年6月，国内一线明星范冰冰代言手机游戏，一时间"知名女星+手游"成为媒体热议的焦点。《暗黑黎明2》上线仅三天就冲入App Store畅销榜前三甲。有网友表示："与上一代相比，《暗黑黎明2》的游戏整体品质更成熟，最重要的是范冰冰代言的手游，当然会力挺！"

对忠实粉丝来说，自家明星代言的产品当然要力挺，这也是对喜爱明星的支持方式，而这也成为商家邀请明星代言的重要原因之一。邀请人气超高的明星代言，再借助粉丝经济之力，以达到预期的营销目标。

在产品销售中，许多企业都请明星为自己的产品代言。这样，一方面能够利用明星的影响力来宣传产品，另一方面还能够为产品树立较好的形象和口碑。当销售人员向客户介绍产品时，就可以清楚地告诉顾客"产品是由××明星代言的，值得信赖"，以用明星的光环增强顾客对产品的认可程度。

举例来讲，在销售飘柔洗发水时，销售员可以说："这个品牌是请明星郭碧婷做代言的，很多顾客都冲着她来的，产品质量与效果是被大众认可的。"这样，客户就会比较容易地接受产品，从而促成产品的销售。

其实，从某种意义上说，明星是商品与客户之间的媒介和沟通者。在客户的眼中，货架上的商品琳琅满目，他们常常不知道怎么选择。这时，明星代言的产品就获得了优先展示权。当客户犹豫不决时，印有明星形象的产品似乎在热情地招手说："选我吧！选我吧！我是××明星代言的产品，品质是值得信赖的！"

另外，明星在社会上具有非常强的影响力。举例来讲，娱乐媒体会报道哪位明星穿了什么，吃了什么，去机场的路上戴了哪款墨镜。可以说，明星本身就带有营销所需的品牌价值。一旦明星代言了某个产品，就能在一定范围内营造出产品销售的氛围，进而引导消费者的消费决策。

因此，大家可以经常看到明星代言日用产品、电子数码产品等。大型的企业集团也会斥巨资邀请大腕明星代言，其看重的是明星代言背后的强大明星效应。所以，当产品的代言人是某位明星时，产品的销售过程通常会很顺利。

同样，销售人员在介绍产品时，如果产品有明星为其代言，在社会上有一定的知名度，就可以直接对用户说"某某是我们的代言人，有他代言，说明产品的品质是有保证的，您就放心购买"这类话术，用明星效应去应对客户对产品的质疑，打消他们的疑虑，从而促成订单的签订。

> **小·提示**：销售人员在使用明星效应时，应该注意客户的喜好，在向客户说"产品是由××代言的"之前，要清楚这位代言明星是客户所喜欢的。这样，客户才能对产品产生好感，也能发挥明星效应的最大功效。

6.10 权威效应：引用媒体评论、专家意见

权威效应也是促成产品销售的一种有效方法，用更加形象的话解释就是"人微言轻、人贵言重"，人们普遍信赖在某一领域或行业的领先人物和佼佼者，对他们所说的话和所做的事有一种信赖感，心理学将这种很普遍的心理现象称为"权威效应"。

这种效应的根源是人们内心对安全需求的渴望。因为大部分权威人士是正确的楷模，服从他们能够为自己带来自身安全感的满足，增加选择正确的概率，所以，人们常常会对具有权威性质的产品有更高的信赖感。

日常生活中常常会用到权威效应。当你到药店买药时，销售人员就会对你说："稍等，我请药师过来给您看一下。"通过这样一句话，销售人员就告诉了客户药店里的药品是经过权威认证的，并不是随便向客户出售的。而之后药师为你推荐的药品就是权威人士推荐的，客户可以放心购买。

销售人员巧妙地使用权威效应，将药品销售变成容易的事情。而客户在买药时，受到了专业医师的指导，对药店产生了信任的感觉，在下一次买药时，也会优先选择该药店。

著名的制药企业——修正药业在经营的过程中，始终坚持"责任起源于良心，来源于敬畏"的理念，对待问题沉着冷静，表现了企业有责任、有担当的敬业精神，体现了优秀的企业文化。修正药业历时两年，投资3亿元建设了纯天然植物药材基地。

修正药业目前通过了GAP、GMP、GSP等国家权威认证，以及ISO14001环境管理体系国内、国际双认证，是国内唯一一家取得多项权威认可的药业集团。企业还建立了科研工作站，是国内药企第一个博士后工作站，并成为国家第一批专利交流工作站，修正药业用大量的事实证明了药品的可靠，让消费者对药品产生信赖。

修正药业的药品质量理念是"药品质量关系患者生命，产品质量关系企业生命"。在市场竞争中，修正药业本着对生命、对自然的敬畏，在种植与生产环节严格把控产品质量，确保每粒药都具有出厂时的功效。修正药业通过权威认证打开了市场，通过疗效得到了消费者认可，销售业绩傲人。

以上都是"权威效应"在企业经营和产品销售过程中的集中体现，所以，销售人员在介绍商品时，可以引用业内专家的言论或主张，也可以运用权威媒体的宣传作用，将这些代表一定权威性的手段和方式运用到产品的介绍中。这样，销售人员在向客户介绍产品时，就可以让客户形成"产品是业界公认的好产品，自己购买不会有后顾之忧"的想法，从而使客户购买该产品的意愿更加强烈，促成产品的销售。

小·提示：销售人员使用权威效应时，要注意权威的正面导向性，还要注意权威效应只是产品售卖的一种辅助手段，最重要的还是产品质量与口碑。另外，销售人员不应该为了利用权威效应而弄虚作假，一定要实事求是，以诚信为主。

📖 **情景测试** ....

情景测试 1：孙女士对推荐的产品基本满意，但还是无法达到客户的预期，作为业务人员如何与客户说？

答案：_____

_____

参考答案：孙女士要不您选择定制吧。与量产款相比，定制款更能符合您对细节的要求。加工师傅会根据您的要求做出具体的方案。

情景测试 2：张先生空闲时间比较少，对价格并不是太在意，作为业务人员如何与客户说？

答案：_____

_____

参考答案：我们的这款产品不需要您去找物流、安装、维修师傅的，因为产品是包送货、包安装、三年保修的。

情景测试 3：刘小姐的预算只够买一款中档的产品，但是想买高档的产品，如何与客户进行推荐？

答案：_____

_____

参考答案：中档的产品前期投入小，后期需要维修；高档的产品则相反。我们上周有一位客户从朋友那里借了些钱，买了一款高档的产品。

情景测试 4：客户对产品有兴趣，但是不着急买，想货比三家，如何把话说到客户心里去？

答案：_____

_____

参考答案：因为这款产品销售得比较流行，目前还有 50 份。现在又是店庆期间，购买产品还有小礼品相送哦。

第 7 章
消除顾虑八大方法

在销售过程中，如果客户迟迟不决定购买产品，很大可能是客户对产品或与产品相关的事项存在顾虑。当客户有了顾虑，有些会告诉销售人员，但也有些客户不会说出来，直接走掉。所以，为了快速成交，销售人员要主动消除客户的顾虑，本章就为大家介绍消除顾虑的八大方法。

7.1 表演展示法：试吃、试用

以试吃、试用为主要手段的表演展示法是打消客户顾虑的有效方法。在销售过程中，客户如果能够试吃和试用，就能对产品有更加深刻的了解，在很大程度上打消顾虑，顺利地购买产品。

举例来讲，超市在上架新款食品时，都会开展试吃的活动，有时是一块巧克力，有时是一小块儿蛋糕，产品被切割成很小的样品放在展示盘中，让客户随意品尝，这种方法能够打消客户对产品口味、质量的顾虑，从而让有购买需求的客户顺利购买产品。

表演展示法中的试用手段在淘宝网上应用得更为广泛，其栏目"免费试用中心"就是淘宝网为各个卖家进行产品宣传和打消客户顾虑的特设板块，其中的众多商品都对买家免费开放，而且卖家还会提供包邮服务。

虽然人们都说"天下没有免费的午餐"，但是人在潜意识中还是对"免费的午餐"怀有期待。所以当商家或销售人员为客户提供试吃或试用服务时，客户就会产生一种"白吃谁不吃"的想法，欣然接受销售人员的"好意"。当客户试吃和试用产品后，他们往往会产生愧疚感。所以，这种方法既能让消费者体验产品的品质、打消客户的后顾之忧，也能刺激客户购买产品。

既然表演展示法中的试吃和试用等手段在消除客户顾虑上有显著效果，那么，销售人员在开展免费试吃试用活动时要做以下准备。

1. 选择好活动的产品

销售人员使用表演展示法的目的是消除客户对产品的顾虑，所以在做活动前，首先应该挑选好活动的产品。参与活动的产品必须具有代表性，而且质量和品质都应该是最好的。客户在试吃或试用后就会对产品产生好感，打消对产品的顾虑。

另外，销售人员在选择产品时要对产品的种类、规格、库存及营销活动流程等做好统筹，以便活动能顺利开展。

2. 限时、限量做活动

试吃、试用活动的期限和产品数量也是有一定要求的，客户对于珍贵和稀有的东西会更加珍惜。所以，做活动时，销售人员应该让客户明白参加活动的产品是限时限量的（如将免费试用的时间设定在某节日的前后三天）。这样有利于增加消费者的紧迫感，让客户产生"商品是如此优惠，购买时间是如此紧迫"的想法，促使客户抓紧时间参加活动。

3. 记录参加活动的客户的信息

参加试吃和试用的客户往往是对产品有需求的人。所以，销售人员在为客户提供试吃和试用的机会时，应该对参与活动的人有基本的了解，如记录申请免费试用的消费者的基本信息，包括姓名、手机号码、邮箱、收货地址等。

记录这些信息不仅可以使销售人员掌握潜在消费者的信息，还可以避免部分消费者重复申请试用，使活动开展得更加有效。

4. 重视收集反馈信息

在淘宝网的免费试用活动中有相关的规定，即成功申请到试用品的客户要在规定时间内填写试用反馈信息（如产品图片和好评文字等），这样有利于商家收集自己产品的真实信息，掌握活动的节奏。

在试用活动中，销售人员要重视收集参加活动的客户的反馈信息，以便对客户的疑虑进行总结和分析，从而打消销售过程中客户的疑虑。

> **小·提示**：销售人员在使用这一方法时要重视客户反馈的意见，只有将客户对产品的试用信息搜集起来，才能够了解客户对购买该产品的顾虑，从而有的放矢地打消客户的顾虑，完成销售。

7.2 承诺法：承诺书、保证书

承诺法也是打消客户顾虑的一种有效方法，这种方式的主要手段是向客户发送承诺书或保证书。通过这种方式向客户做出保证，就是向客户传递"产品有保障、买错也可以退"的信息，以此来打消客户的顾虑，获得客户的信任。

圣诞节前夕，湖南的贾先生在淘宝上购买了一款剃须刀，标价600多元，使用优惠券以后，实际价格为520元。在支付页面，有明显的"七天无理由退货"的说明。看到这个温馨提示，贾先生感到购买这款剃须刀是有保障的，并想着自己可以先试用一下，反正七天之内可以无条件退货。

其实，贾先生购买剃须刀最看重的并不是可以退货的优惠政策，而是剃须刀的使用价值。商家提供的"七天无理由退货"承诺又给贾先生吃了一颗定心丸。

从心理学上看，客户看重退货的心理更多的是为了获得某种承诺和保障，以降低自己可能要承担的潜在风险。心理学中有"禀赋效应"理论，该理论认为，人拥有某件物品后对该物品的评价，要明显高于未拥有之前。所以，在宽松的退货政策下，客户对商品的评价较高，退货率更低。显然，承诺法能够在相当程度上消除客户的顾虑，让产品的销售更加顺利。

因此，销售人员可以通过为客户提供优质的售后服务来消除客户的顾虑。举例来讲，为客户承诺提供"一个月内免费包换""半年内保修"等售后服务，可以获得客户的信任，增强客户购物的安全感。反之，如果销售人员不重视对客户的承诺，就会出现很多售后纠纷，影响产品接下去的销售。

2016年中秋节，天津市的王玉芬女士在某手机营业厅买了一部5000多元的手机，回家后发现手机不能正常上网，后来，王玉芬拿着手机去营业厅进行询问，经过营业员调试后手机可以正常使用，不久后又发生同一状况。售后人员对其进行了正规检测，发现手机确实存在质量问题，于是，给出了七天内更换新机的承诺。

然而当王玉芬前往营业厅要求更换时，却被告知要等15天。王玉芬认为单据上标明了手机存在质量问题七天内可进行更换，就应该履行承诺。所以王玉芬打通了工商部门的电话请求帮助自己维权。经调查，工商部门确认在这次事件中消费者的权利受到了侵害，要求营业厅三日内立即为王女士更换新机。

虽然王玉芬的消费者权利得到了维护，但是她对于这家营业厅却失去了信任，从此不再光顾。而发生此事件后，营业厅的生意也受到了严重影响。

通过以上两个销售案例的对比，大家就能发现承诺法在消除客户的顾虑上确实有很显著的效果，同时也有助于塑造产品的品牌形象。销售人员在面对客户的犹豫时，可以对其使用承诺法，但一定要根据实际的销售场景来确定自己是否可以对客户采用承诺法，以便让这种方法发挥最大的效果。

小·提示：销售人员在使用这一方法时，要协调控制好承诺性营销的各个环节，量力而行。如果无法承诺或做不到，就不要盲目承诺，否则一旦承诺无法兑现，就会造成非常恶劣的影响。所以，销售人员一定要言出必行，对客户做了承诺就要兑现。

7.3 坦诚法：直接告知产品的风险

坦诚法也是消除客户顾虑的一大方法，在销售过程中，销售人员直接告知客户产品的风险能够让客户感受到销售人员的坦诚，认为销售人员是可以信赖的，从而对购买产品的顾虑也会减弱或消除，从而使产品的销售过程更为顺利。

其实，每款产品在生产和使用过程中都可能出现瑕疵，所以，如果销售人员将产品夸耀得百分之百好，就会在客户心中留下浮夸的印象。反之，如果销售人员提前告知客户产品确实存在一定的瑕疵，但是这个瑕疵是不可避免的，而且也不会影响产品的使用，那么客户反而会觉得销售人员将自己当成了自己人，能够大大拉近双方的关系。

2016 年夏天，肖云到加拿大旅游，逛到一家精品女装的专卖店，进口处有一堆衣服全部三折处理。肖云看见一件漂亮的灰色呢子大衣，拿起来一看，价格便宜得令人不敢相信，原价 8000 元的大衣只需 2000 元。

她顺手拿起来试了试，穿上不仅美丽合身，还显得端庄大气。更有趣的是，脚上的灰色高跟鞋倒像是为这件呢子大衣专门搭配的。她拿着大衣，招手呼唤不远处的销售人员。销售人员微笑着走过来："您好！您喜欢这件呢子大衣吗？它跟您的灰色高跟鞋非常相配。不过您能拿过来让我再看一下吗？"

朋友把大衣交给她，不禁疑惑地问道："有什么问题吗？不会是这件衣服不是打折品错放到了处理区吧！"

销售人员急忙解释道："不是的，您别担心，我只是想确认一下是不是那件大衣。"

朋友说："什么叫那件大衣？"

那位工作人员诚实地说道："既然您这么喜欢这件衣服，而且打算买的话，我一定要跟您说明一下，让您了解一下情况，请到这边坐。"

销售人员真诚地对这位好友说："谢谢您购买我们的衣服。不过很抱歉，这件衣服在生产的过程中出了点问题，里面有点小瑕疵，只不过不仔细看发现不了，我必须让您知道。我们不能欺骗顾客，以免您回去再穿的过程中发现衣服有问题而责怪我们。现在您知道了实情不想买的话，您可以再看看其他款式的衣服。"

听完销售人员的一番话，肖云显然被感动了，她被这间店真诚的服务态度所折服。仔细想了想，衣服的瑕疵在里面，不仔细看根本发现不了，而且自己穿着很合身，价格又实惠，最终买下了它。

临走前，肖云还回头看了看这家店的名字，将它深深地印在了脑海里。后来她每次到加拿大都会到这家店光顾，原因就是销售人员的坦诚打动了她。

从上面的案例中大家可以看出，如果销售人员对客户表现出真诚之心，坦诚告知客户产品的瑕疵或直接告知产品的风险，就能够让客户对销售人员和产品打消顾虑，从而更容易实现产品的售卖。

另外，销售人员在向客户使用坦诚法时，由于产品的购买确实存在潜在的风险，所以，这一风险会在一定程度上降低客户的购买意愿。因此，销售人员可以向客户保证会提供优质的售后服务。通过这一方式，来给客户增加产品购买的安全感。举例来讲，为客户提供"一个月内免费包换""半年内保修"等的承诺，可以获得客户的信任，从而实现产品的顺利售卖。

> **小·提示：** 销售人员在使用坦诚法时要根据产品的实际情况而定，如果产品的瑕疵不影响产品的整体使用，那么销售人员就可以向客户坦诚说出实际情况，如果产品确实存在特别大的毛病，已经影响了产品的正常使用，销售人员就不能再使用这种方法来售卖产品，以免影响客户的产品使用。

7.4 增强信心法：再次强调产品的优势

增强信心法的核心是再次强调产品的优势，在客户犹豫不决、对购买产品产生顾虑时销售人员可以再次强调产品的优势，对客户带来的好处，从而在一定程度上打消客户的顾虑，完成产品的销售。

销售人员在对客户再次强调产品优势时，可以从产品的品质和细节入手，如产品的独特设计理念、产品所用的特殊材质、产品的使用期限和产品的售后服务等方面，这样，就能够加深客户对产品优势的印象，从而打消客户的顾虑，促成产品的销售。

王芳然是苹果产品专卖店的一名销售人员，她特别善于在客户犹豫时增强客户的信心，让客户相对快速地做出购买产品的决定。

王芳然："您好，请问是要看电子产品吗？"

客户："是的，我想买一部 iPad。"

王芳然："那您这边请吧，我给您介绍一下。"

客户："好，现在 iPad 出新品了吗？我都没注意。"

王芳然："是的，现在 iPad 出了新品，这款产品是现在市面上卖得最好的，您看看。"

客户："我是想买一个，但是这次就想先看一看。"

王芳然："这样啊，那您是不是还有一些顾虑所以不想现在买啊？"

客户："确实，电子产品的价格波动很大，就想过段时间再买，可能会便宜点。"

王芳然："这样啊，你可能有所不知，我们的产品与一般的产品不太一样，因为材质是最好的，运用的科技也是最新科技，所以在短时间内是不会降价的。"

客户："是这样吗？"

王芳然："是真的，iPad 的保值率特别高，您现在买和您半年后买的价格相差不多。但是如果您现在买了，您马上就能享受产品的优势了。产品的质量和品质您都不用担心，相信您也都了解清楚了，所以您现在买就是特别明智的选择。"

客户："也是，那我现在就买吧。"

从上面的案例中大家可以看到，当客户对产品心怀顾虑时，销售人员就要对客户选购产品的意图加以肯定，并告知客户购买产品的优势。这样，客户购买产品的信心就会变强，从而愿意立即购买产品。

另外，在使用增强信心法时，除了再次强调产品的优势，还可以采用以下方式来增强客户的信心。

1.巧用明星代言

在人们的心中，产品的广告做得好，就代表着产品是信得过的。所以，如果产品在宣传中曾经邀请过某位明星代言，销售人员就可以利用明星在社会生活中的明星效应，对客户进行产品的介绍和展示。其中，明星在社会生活中的影响力越大，所具有的权威性就越高，客户对他们的信任度也就越高，而对购买该产品的信心也就越强。

2.权威机构认证

权威机构认证也是向客户展示产品或公司实力的重要方式，如果产品在行业中经过了某项权威的认证，就能够让客户在心里对产品产生一种"靠谱"的感觉，认为产品的质量和品质是值得信赖的。因此，销售人员在展示时，也可以将产品的相关权威证明进行展示，以取得客户的信任，增强对产品的信心。

3. 借助行业专家

专家在每个行业的权威性都是比较高的，当销售人员向客户说出产品是经过专家的鉴定和认可的，客户就会感到产品的质量和品质都是上等的。所以，如果产品的质量有保证，得到过专家的认可，就可以在销售过程中向客户展示相关专家的权威肯定，以此来增加产品的价值、增强客户对产品的认可。

> **小·提示**：销售人员在使用增强信心法时要注意与客户的交流，多给客户一点自信，让他们感觉购买该产品是一件非常明智的选择，这样就能在很大程度上消除客户的顾虑，从而顺利实现产品的售卖。

7.5 建议法：给犹豫不决的客户提建议

建议法也是消除客户顾虑的一种方法，销售人员在使用这种方法时，要挑选好使用的对象。一般情况下，需要用这种方法来消除顾虑的客户是优柔寡断、犹豫不决型的，这类客户在购买产品时，即使是挑选一支牙刷，面对各种品牌也会难以取舍。

因此，面对这类犹豫不决型的客户，想要打消他们的顾虑，销售人员就要适时给客户提供一些建议，如"这个型号适合您""您买这个就够了"。也许只是销售人员的一句话提醒，就能够让这类客户拿定主意购买产品。

在销售过程中，犹豫不决型客户十分需要销售人员的建议。这些客户不擅长进行选择，经常在几款产品中犹犹豫豫，迟迟不肯签单。销售人员应该留心客户看中的、问得最多的产品，然后根据客户的态度，向他们着重介绍产品优点。

除了仔细地介绍产品，提供建议外，销售人员还要向客户提供适当的保证，向他们做出适当的承诺，打消他们的顾虑。

销售人员："您好，欢迎光临本店。"

客户："你好，我过来看看手机。"

销售人员："好的，我可以为您介绍一下。您喜欢大屏手机还是小屏手机？"

客户："我还没想好呢。"

销售人员："那您这边请，两种样式的都看一看。"

客户："好的。"

销售人员："请问您平时用手机主要做什么呢？"

客户："我打打电话、聊聊天，有时候喜欢玩会儿游戏。"

销售人员："这样啊，那我建议您买大屏的手机。这样方便您玩游戏。"

客户："是吗，可是我不经常玩，用不着这么大的屏幕吧。"

销售人员："那您选小屏的，这款也挺合适的，通信功能和聊天功能也很好。"

客户："这个款式不太好看，我不喜欢。"

销售人员："那你再看看这款，这是今年的最新款，卖得很好。"

客户："这样啊，其实我也拿不定主意，我觉得还是第一款手机不错。"

销售人员："我看也是，第一款手机是最适合您的，要不您就要第一款吧。"

客户："可是我怕买回去，家里人唠叨我买这么大屏的手机不好看。"

销售人员："这您放心，现在大屏手机是主流，再过一两个月，大屏手机就更加受欢迎了，到时候您不就走在时代的潮流中了吗？您就买这一款吧，我给您包起来。"

客户："这么快就包起来啊，我还想再想一想。"

销售人员："您就别犹豫了，我都给您开好单据了，您去付款就行了，这款手机您肯定买得值。"

自然，最后客户不知不觉间就顺着销售人员的思路购买了产品。通过上面的销售场景大家可以看出销售人员在使用建议法时，除了对话要讲究基本的礼貌外，还应该注意一些方法和手段。

1.购买少量产品试用

客户购买产品时有顾虑，很大一部分原因是对产品不信任。他们害怕产品的质量达不到自己的要求，所以在挑选产品时犹豫不决。如果客户的确是想购买产品，又不敢轻易下订单，这时，有经验的销售人员就会建议客户少买一点产品试试效果。使用这种方法，虽然刚开始订单数量有限，但等客户对产品满意之后，就会加大购买量了。

2.主动帮客户挑选

销售人员主动帮客户挑选产品也是一种应对犹豫不决型客户的有效方法。一般来说，犹豫不决型的客户通常不会迅速签下订单，他们对产品会精挑细选。产品的颜色、型号、生产日期，都是他们关注的信息，并且难以取舍。这时，销售人员应该主动帮客户选择合适的产品，一旦自己的推荐得到了客户的认可，产品的销售就会有可喜的成果。

3.适时为客户做选择

有时，犹豫不决型客户始终下不了决心，销售人员可以尝试快刀斩乱麻的战术，为客户做选择。比如，直截了当地对客户说："这款产品真的不错，我给您包起来吧！"尽快促成产品的交易。

小提示：销售人员在使用建议法时要注意分寸，虽然犹豫型的客户在购买产品时经常拿不定主意，但是如果销售人员为其推荐了他们不想要、不合适的产品，他们也会毫不犹豫地拒绝。所以，销售人员在给客户提建议时，要充分观察客户的喜好，以便能够推荐到客户本来就喜欢的产品，将话说到客户的心里去，从而促成产品的销售。

7.6 迂回法：转移注意力等待时机

迂回法也是销售人员消除客户顾虑的一种方法。销售过程中，如果客户表现出过多的犹豫和拒绝，销售人员就可以使用这种方法，首先转移客户的注意力，之后再等待适当的时机向客户介绍和展示产品，从而减少客户直接拒绝的机会，让产品的销售顺利达成。

金牌销售员原一平在拜访客户时就时常运用迂回法来应对客户，很大一部分销售订单都是通过间接销售完成的。

原一平某次拜访的客户是建筑企业的董事长渡边，他通过多次预约终于得到一次见面的机会。可是在刚刚见面时，渡边就明确表示对其推销的产品并不感兴趣，直接向原一平下了逐客令。但是原一平并没有灰溜溜地走掉，而是转变了一个思路，采用迂回法向渡边先生请教了一个问题，他问道："渡边先生，咱们的年龄差不多，但您为什么能如此成功呢？您能告诉我吗？"

这一问题让渡边先生感到了诧异，但是他看到原一平在提问时的语气非常诚恳，而且态度也很谦虚，表现出求知、求教的诚意，渡边也就不好意思回绝了。所以，他就请原一平坐了下来，将自己的经历讲给原一平听。

没有想到，原一平请教的这个问题让渡边先生讲了三个小时，在这一过程中，原一平始终认真听渡边先生的讲述，并且还在适当的时候提了一些问题，表现出充足的请教诚意。

到了最后，原一平也没有提到保险销售的事情，转而根据渡边先生的讲述对他说："我很想为您写一份有关贵建筑公司的计划，可以吗？"渡边被原一平的诚心求教打动了，所以非常痛快地点头答应。

回到家中，原一平用了三天三夜为渡边先生的建筑公司赶制了计划书，由于这份计划书内容丰富，建议非常具有参考价值，所以，渡边先生就依照计划书并结合公司的实际情况，改善了业务，实施的效果非常显著，建筑公司的业绩提高了 30% 之多。

因此，渡边先生非常高兴，不但与原一平签订了诸多保险订单，还将原一平当成了自己最好的朋友。

从上面的案例中大家可以看到，当客户对产品没有兴趣或顾虑太多时，销售人员可以采用其他方式转移客户的注意力。通过这种方式，客户对自己和产品产生一定的兴趣后，销售人员再对客户进行产品介绍和销售。这种方法往往能收到比较显著的营销效果。

销售人员在使用这种方法时，要注意以下两点。

1. 不要直接说出销售的目的

在工作和生活中，人们通常不喜欢销售人员，认为销售人员都是想要从自己的身上榨取利益。所以，如果销售人员刚刚和客户见面就让客户购买产品，很可能会让客户心生反感，不利于产品的销售。所以，销售人员在进行产品介绍时，要先对客户打招呼，暖场之后再对客户进行产品的介绍和展示。

2. 寻找恰当时机转入产品

在转移客户的注意力，达到暖场的目的后，销售人员要寻找恰当的时机转入与产品相关的介绍。这时的时机很重要，既不要让客户感到生硬，也能让客户会心地明白自己的销售意图。要达到这样的效果，销售人员在一开始转移客户注意力时，就要选择与产品尽可能相关的话题。

> **小提示**：销售人员使用迂回法时要时刻牢记自己的主要目的是销售产品，在与客户谈及其他的话题时，要学会让客户顺着自己的思路进行思考，之后选择恰当的时机进行话题转换，让谈话转到产品的销售。

7.7 转折处理法：您说得对……不过……

转折处理法也叫间接处理法，这种方法在消除客户顾虑时是一种比较委婉的方法。销售人员在使用这种方法时，首先要对客户的观点进行肯定，让客户产生一种被认同的心理，然后在恰当的时机对产品进行展示和介绍，以消除客户对产品或销售人员的顾虑。

在使用这一方法时，销售人员可以采用"您说得对……不过……"这样的句式来对客户的疑虑进行转折处理。这样，客户就比较容易接受销售人员的建议，打消对产品的顾虑。

2017年元旦，刘玉民在当地的××家具公司询问自家的阳台布置需要多少钱。销售员王龙飞报价2800元，刘玉民还价到2300元，但是王龙飞并没有接单。过了半个月，刘玉民又来到店里，以2800元成交，王龙飞在第一时间完成了客户委托。但是刘玉民对其服务和产品并不满意，心理上对这家公司产生了抵触。

半年后，刘玉民的老婆郭溪从这家家具公司买了一组沙发，在上门送货的过程中，恰好碰上刘玉民跟一个朋友回家。郭溪介绍说这是××家具公司的，刘玉民的脸色立刻变了，说："你不知道这家公司'宰人'吗？怎么又找他们？赶快叫他们搬着东西离开，贴点车费也可以。"说着，夫妻间便起了争执。

王龙飞见状赶忙制止："你们不要吵，如果卖你们点东西，会引起你们夫妻间的冲突和不开心，我们还不如不卖。对我们公司您可能有点误会，没有关系，东西我带走，当然不可能让您贴车费。"一边说着一边将东西搬出客户家，放到车上。

东西放回车中后，王龙飞并未急着马上回去。在车上待了大约半个小时后，他重新返回刘玉民家。刘玉民和他的朋友正在泡茶喝，王龙飞进门后对刘玉民说："您对我们公司可能有误会，这没有关系，我们可以沟通。如果因为生意让您不开心，赚多少钱，我们也不会开心，生意做不成，朋友还是要交的。我更希望知道究竟我们哪里做得不好，让您如此生气。"

刘玉民说道："上次在你们店里购买的阳台设计产品太贵了，那些材料并不值那么多的钱，成本不高，却收了我们2800元。"

王龙飞回答道："您说的情况我非常理解，毕竟2800元布置一次阳台不便宜。所以，您现在是对这次家具买卖有所顾虑，担心自己花冤枉钱是吗？您有这样的顾虑很正常，您上次说的情况也是对的，不过我们在给您布置阳台时，用的是最好的装修材料，墙纸也是国外最新研制出的产品，质量是绝对有保证的。您可以去任何一家家具店问一问，如果有一家的报价低于我们家的，我可以为您全额退款。"

听到王龙飞的解释，刘玉民的心里舒服了许多，加上妻子和朋友的劝说，刘玉民逐渐接受了王龙飞，四个人还一起品起了茶，聊起了天。

半个小时之后，王龙飞见气氛比较融洽了，就向客户说："这样吧，为了消除我们之间的误会，我今天带来的沙发就随便处理了。"最终双方以8折成交。

最后，王龙飞顺利解除了客户对自己店铺的误会，打消了客户对自己和产品的顾虑，最终使客户购买了产品。

从上面的案例中大家可以看出，销售人员在遇到客户的抱怨时，首先要对客户表示理解，之后对客户的误会予以澄清。这样，才能让客户放下心理防线，打消对产品或销售人员的顾虑，从而完成产品的销售。

虽然转折处理法在消除客户的顾虑时有很明显的效果，但销售人员在使用这种方法时应该注意一些细节，如在转折话语时不要过于生硬，否则会让客户的面子过不去，造成尴尬的气氛。销售人员要选择恰当的时机，把握好转折时的语气和态度，尽可能地照顾好客户的情绪，使双方的交谈更加顺畅，以便于产品的销售。

> 💡 **小·提示**：转折处理法的关键是做好转折，让客户跟随自己的想法减少和消除对产品的顾虑，让产品的销售变得更加顺利。

7.8 博得同情法："已经在亏本销售了"

博得同情法也是销售人员消除客户顾虑的一种方法。销售人员使用这一方法时，需要借助一定的手段来博取客户的同情，其核心是合理地利用客户的同情心。

在销售过程中，销售人员向客户"诉苦"是常见的利用同情心的做法。销售人员通过情感来打动客户，寻求客户的帮助，达到产品销售的目的。如告诉客户"自己已经在跳楼大甩卖了"，如果不能完成公司规定的销售任务会受到怎样的处罚，等等。总结起来就是销售人员的处境很为难，以此来引起客户的同情，完成销售订单的签订。

刘松是一家大型机械厂的产品推销人员，这次他遇见的是一家非常难合作的客户，而且这个客户的工厂在郊区，交通不便。

刘松往这个客户的工厂跑了两个多月，但销售却不见一点进展。周一的上午，刘松按照双方的约定再次前往客户的工厂进行产品销售。没有想到，刘松的车却在半路上发生了事故，幸好人没事，只是车不能再走了。

这时，刘松所在的位置没有公交车，也看不见顺路车。但是和客户约定的时间快要到了，刘松一咬牙，就在六月炎热的太阳下步行去客户工厂。等刘松赶到客户的工厂见到对方的销售经理后，刘松却因为中暑晕倒在地上了。

等刘松醒来，客户向他了解了情况，对方经理立即就表示要和他签约。其实，这家工厂的经理在这之前已经准备和另一家公司的推销员签订销售订单了。但是，当他知道刘松这么守信、诚心时，就被刘松感动了。

刘松的做法让对方的经理想到了自己年轻的时候，在心里对刘松所做的努力有一种同情、爱惜的感情，所以，客户就愿意将订单交到刘松的手中。

从上面的销售案例中，大家可以总结出博得同情法的核心，即销售人员用自己的努力和真诚对客户进行情感打动，以此来促成销售订单的签订。

下面是一个销售新人销售产品的过程，大家看一下他的销售方法，从中总结一下博得同情法的要点，其销售话术如下。

"阿姨，我上个月刚刚开始做销售工作，现在还在实习阶段。现在公司安排我在市场部工作，认为我需要提高一下口才和踏实肯干的精神，所以我这两个月都在跑市场。您看现在我找份工作也不容易，出门在外也只能靠自己，在实习期间，公司是不包吃住的，我现在每个月还要交房租、水电费，所以，就靠基本工资养活自己。

我现在卖的产品价格也不贵，如果您需要产品的话，您从哪都能买，您就从我这边买吧，我向您保证我的产品绝对物美价廉，您就当作鼓励一下年轻人，我先谢谢您了。"

销售人员这样和客户说话，表明了自己的难处，获得了客户的同情，又向其展示了产品，为客户提供了选择，在这种情况下，客户就容易表现出对销售人员的同情，打消对产品的顾虑，从而愿意向销售人员购买相关产品。

小·提示： 博得同情法的要点和核心是对客户的心理进行揣摩，利用客户对弱势群体的同情心来博得客户的好感，但是要注意分寸和程度，一定要用真实的情况来获取客户的信任，这样，才能有助于打消客户的顾虑，促成产品的销售。

📖 **情景测试** ....

情景测试 1：客户对三包服务不太放心，应该如何与客户说？

答案：＿＿＿＿＿＿＿＿＿＿＿＿＿＿＿＿＿＿＿＿＿＿＿＿＿

＿＿＿＿＿＿＿＿＿＿＿＿＿＿＿＿＿＿＿＿＿＿＿＿＿＿＿＿＿

参考答案：我们这款产品质量比较好，一般使用两年内很少有需要维修的情况。我们承诺三年保修，是会给您发保修卡的，三年内产品有问题都可以享受免费保修服务的。

情景测试 2：这款理财产品收益率能达到 8% 吗？有什么保证的措施？对于这两个提问，业务人员应该如何说？

答案：＿＿＿＿＿＿＿＿＿＿＿＿＿＿＿＿＿＿＿＿＿＿＿＿＿

＿＿＿＿＿＿＿＿＿＿＿＿＿＿＿＿＿＿＿＿＿＿＿＿＿＿＿＿＿

参考答案：投资是有风险的，这个收益只是预期收益。一般来说，结果可能比预期收益高或低。我们的理财产品是与三大知名的金融机构合作的，在风险把控方面还是有保证的。

情景测试 3：张女士明确表示产品质量差，不会购买这款产品，应该如何与客户说？

答案：＿＿＿＿＿＿＿＿＿＿＿＿＿＿＿＿＿＿＿＿＿＿＿＿＿

＿＿＿＿＿＿＿＿＿＿＿＿＿＿＿＿＿＿＿＿＿＿＿＿＿＿＿＿＿

参考答案：这款产品确实质量一般，但是胜在价格便宜。我们这里还有一款质量较好的产品，可以先让您试用一下，如果觉得还不错，咱们再具体谈。

情景测试 4：客户认为价格偏高，希望购买一款经济实惠的产品，应该如何与客户说？

答案：＿＿＿＿＿＿＿＿＿＿＿＿＿＿＿＿＿＿＿＿＿＿＿＿＿

＿＿＿＿＿＿＿＿＿＿＿＿＿＿＿＿＿＿＿＿＿＿＿＿＿＿＿＿＿

参考答案：您说得对，实用才是硬道理。产品质量好，一般价格都会高一些。

第 8 章
价格谈判九大策略

产品的销售过程离不开价格的谈判，销售人员要想在价格谈判中取得胜利，就要对价格谈判过程中的策略有所了解和掌握，如比较经典的价格锚定策略、转移策略、赠品策略等，使用这些策略能够让销售人员掌握价格谈判的主动权，从而让产品顺利实现售卖。

8.1 锚定策略：报价高于目标价位

锚定策略是销售人员在价格谈判中常用的策略之一。这种策略的根据是锚定效应，具体是指人们在判断某件事物时，很容易受到第一印象或第一信息的影响，就好像船锚沉入海底一样，第一印象或第一信息把人们的思想固定在一个特定的地方。

这种策略运用在价格谈判中，销售人员可以在初始报价过程中先行提高产品的实际价格，之后在双方谈判时划掉原价给出低价，这样会更利于客户接受产品的目标价格。因此，在销售过程中，如果销售人员想要获得自己要想的产品报价，就可以采用锚定策略来提高产品价格。

德国的著名心理学家弗里茨·斯特拉克和托马斯·穆斯魏勒对锚定效应做过相关的实验，在这项实验中，他们向实验人群问了一个关于温度的锚定问题。他们向一组人询问"德国每年的平均温度是高于20℃还是低于20℃"，对另一组人询问"德国每年的平均温度是高于还是低于5℃？"。

在问完问题后，这些人被要求快速浏览一些单词，然后要求他们去识别这些单词。根据实验的结果，研究人员发现，参与实验的人在被问到"20℃"问题后，更为容易识别和夏天相关的词，如"太阳""沙滩"等。而被问及

"5℃"的问题后的实验人群则对关于冬天的词汇更为敏感,如"冰冻""滑雪"等。

这一实验在一定程度上解释了锚定效应对人们的影响,人们比较容易倾向于原有的印象。所以,在实际的销售报价中,如果销售人员能够先发制人,率先报价,就能够在客户的心中先行留下价格印象,帮助产品的最终定价更加接近产品的目标价格。

既然锚定策略的效果如此显著,那么销售人员在使用这种策略时应该如何让其发挥最大的效用,获得价格谈判的胜利呢?

1. 结合实际情况进行报价

虽然锚定价格需要设置得高一些,但是不能太高。销售人员如果不顾产品的实际情况将价格设置得超出实际很多,就会给客户留下"不靠谱,外行人"的印象。这样,反而会弄巧成拙,将价格谈判的主动权交到客户手中,结果就会得不偿失。

所以,销售人员在设定锚定价格时,应该结合实际,一般将价格提高2~3倍即可,既可以为谈判留有空间,又可以让产品有盈利的可能。

2. 价格高于目标价位

达成交易的过程是一场心理战,如果能够掌握一定的策略,就能够让自己占据优势。销售人员在报价时,将产品的报价定得高一些,可以为自己留有谈判的余地。这样一来,客户既能够调整自己的出价,也能够通过谈判来降低产品的实际成交价格,使其在价格谈判中有一种成就感,自然就有利于产品订单的签订。

3. 抓住先机,先行报价

销售人员在使用锚定效应时,一定要先发制人,第一个对产品的价格做出规定。这样才能在价格博弈中掌握主动权。由于锚定效应的具体表现形式是第一印象和先入为主,所以,销售人员先行报价,就会给产品的价格确定一个标准,让客户对产品形成"值这个价格"的印象。这样,客户在后期的价格谈判中，就不会将价格报得过低。

> 💡 **小·提示**：锚定策略的核心是使客户跟着自己定的价格走。所以，当销售人员使用这一方法时，务必抓住第一个报价的机会，将产品的报价定得稍高一些（最基本的就是高于产品的目标价位），这样才能掌握主动权，实现价格谈判的胜利。

8.2 极不情愿策略：对前三次还价说"No"

极不情愿策略是销售人员在价格谈判中的有效策略之一。销售人员在使用这一策略时，需要向客户表现出极不情愿的表情和态度，如对客户的前三次还价说"No"，给客户一种产品的价格非常不容易降下去的印象。在之后如果客户还是想要降价，销售人员就可以适当降低产品的价格，这种做法会让客户充分感受到产品的价值和销售人员的诚意，从而促成产品的销售。

销售人员在与客户进行价格谈判时，需要懂得拒绝的珍贵，不能出现客户想要降低价格自己就毫无原则地降价的现象。这样销售人员才能在价格谈判中赢得最大的利益，获得更多的销售利润。

下面大家来看一个极不情愿策略在现实销售场景中的具体使用方法，学习一下这种策略的使用方法。

李峰刚刚买了房子，目前夫妻两人正在布置自己的新家。正逢周六，两人就去了附近的一家大型家具市场。这家家具市场的销售人员就巧妙地运用了极不情愿的价格谈判策略，与客户李峰进行了产品的价格的谈判。

李峰："你好，我们想买一组沙发，所以想了解一下这款沙发的情况，你能帮我们介绍一下这款沙发的详细信息吗？"

销售人员："好的。非常开心能为你们服务，这款沙发是根据人体学相关的知识设计的，它能够保证您在沙发上坐得舒服，而且沙发是一组，长的部分还可以让主人躺着放松，拥有超大的空间，既健康又舒适。

另外，沙发的弹簧力度要比普通的沙发强一倍，能够长时间地保证沙发的外形美观。因此，这张沙发的生命周期会比普通的沙发多出一到两年。所以，您完全可以放心购买。"

李峰："产品的质量确实好，但是价格和其他店铺相比有点儿高，能不能给我们便宜一点？"

销售人员："您的眼光真好，这款产品的质量确实是沙发中最好的，关于它的价格问题，这一点您不用担心，我们商场能够向您保证，您在本店购买的沙发价格是同类产品中最实惠的，其性价比也是最高的。我们店里的家具售卖长期坚持薄利多销的原则，希望顾客在店里购买产品后，能够多介绍朋友也来购买。所以，我们店为了增加客源，利润并不高，您就放心好了，买我们的产品决不吃亏。到时候还希望您能帮本店宣传宣传呢。"

李峰："你说得这些没错，但我们刚买房，手里的钱不多，我老婆就是看上了这款沙发，但价格确实高了些，真不能再便宜了吗？"

销售人员："真的不好意思，因为沙发的质量非常好，成本摆在那里，价格真的不能降低，但看您这么有诚意，在您购买时我可以赠送您一组沙发摆件，如果您要是满意的话，就赶快买下吧。"

李峰："价格上真的不能再低一点吗？"

销售人员："真的不能再低了，即使您不要赠品，产品的价格也不能再降。"

李峰看到沙发的质量确实好，而且也没有降价的可能，就很痛快地将沙发买了下来。

从上面的销售案例中，大家可以看出极不情愿策略的显著效果，虽然销售人员在沟通的过程中始终没有降价，表现出非常为难、不情愿的态度，但是客户却从中看出了产品的价值。在之后的价格谈判中，销售人员适当向客户让价，为客户赠送了一套赠品，结果就顺利促成了产品的销售，这就是极不情愿策略的实际应用。

尽管极不情愿策略在销售过程中效果显著，但销售人员在使用这一方法时应该注意以下原则。

1. 把好价格关，不能轻易退让

销售人员在使用极不情愿策略时，不要进行随意让步，这样会让客户产生一种产品的报价有很多水分的想法。客户一旦有了这种想法，就会进一步压低产品价格。这样就会大大影响销售人员在价格博弈中的战斗力，甚至可能失去交易。

2. 守好阵地，设好退让底线

极不情愿策略的核心是通过压低价格来实现交易达成的，其最终目的是销售商品，获得利益。所以，销售人员在采用这种策略时一定要设定好退让的底线。交易结果不能是尽管签订了销售订单，但获得利益却很少，这样就违背了销售的最终目的。

因而，销售人员在使用这一策略时，要对产品的成本价格和最低报价心中有数，这样才能在价格博弈中张弛有度。

3. 循序渐进，注意退让幅度

在价格退让过程中，销售人员除了要对客户提出的三次还价说"No"外，还要注意退让幅度，不要一次退让太多，试图直接成交。这样，销售人员就会在价格谈判中处于被动地位，即使自己把价格底线说出去了，客户也未必相信你。

所以，在价格退让中，销售人员要注意退让的幅度，使客户珍惜销售人员的退让，从而使谈判的过程更加有利于产品价格的成交。

> **小·提示**：销售人员在使用这种方法时，应该充分表现出自己在退让价格时的极不情愿，让客户充分感受到产品的价值，同时也让客户真切地感受到自己在价格谈判中取得了胜利，从而愿意用谈判胜利得来的退让价格来购买产品，促成产品顺利的实现成交。

8.3 蚕食策略：换人、换时间、换地点、换事件

蚕食策略是指在完成一件事情时不能一蹴而就，需要分步骤、分次解决，这样会将事情拆分成很多小的部分，使人们更容易做成事情，更顺利地实现预定目标。这就像蚕吃桑叶一样，不能一口吃下整片桑叶。

人们在使用蚕食策略时一般有两种操作方法，第一是集中力量对目标各

个击破，另一种是将事情分段一步步地解决。

从谈判的策略上看，蚕食策略是一种稳扎稳打的谋略。虽然实现的速度有些慢，但是一种安全可靠的策略。

在销售场景中，销售人员在与客户谈判产品报价时应该根据实际情况来使用蚕食策略，如在恰当的时机换人、换时间、换地点、换事件，让客户逐步从拒绝转变为接受，一步步引导客户按照自己的意愿进行产品的交谈及价格的谈判，最终实现产品的顺利销售。

下面是销售人员使用蚕食策略进行产品销售和价格谈判的场景，体现了蚕食策略的具体应用手法。

销售人员："您好，非常荣幸来拜访您，我们昨天通过电话，我是××公司销售员小王。"

客户："你好，请坐吧。"

销售人员："谢谢，今天我来拜访您是因为我得知贵公司需要购买一些电器设备，正好我们公司的主营业务就是这类电器，所以，今天冒昧来拜访您，希望和您能达成合作。"

客户："是的，我们公司是有这个需要，但是我们已经有拟定的供应商了，所以你今天是白来了。"

销售人员："不能算白来，见到您这位在行业中首屈一指的大人物是我的荣幸，即使生意没谈成，我也是受益良多。"

客户："你过奖了，其实我可以看看你们公司的产品。"

销售人员："先不用看我们公司的产品，比起我们公司的产品，贵公司的产品需求才是最为重要的，要不您和我聊聊贵公司的产品需求吧。"

客户："好的，我们公司今年因为电器老化的速度过快，急需换一批设备，但是预算有限，经理还要求新设备的质量一定要比原来的要好。所以，昨天有一家电器公司过来提供了一份产品报价，非常合适，所以，我感觉他们的产品应该可以。"

销售人员："其实，您现在还没有真正决定购买那一家的产品，是吧，贵公司的需求我应该已经了解了。贵公司想要一批质量好、价格适中的产品，其中产品的性价比是最重要的，对吧？"

客户："你说得没错，确实如此。"

销售人员："那么，如果我们公司的产品性价比高于您之前看好的那家公司，您就会选择我们公司的产品，是这样的吧？"

客户："如果你们公司的产品能比另一家的产品好，又能满足我们公司的需求，我自然会选你们公司的产品。"

销售人员："所以，根据您的意思，产品是谁家的不重要，交易的时间和地点也不重要，最重要的是产品符合贵公司的要求，能够在限定的时间内完成交货就可以了，是吧？如果我们公司的产品都能够满足贵公司的要求，而且在价格上也比前一家的产品具有优势，您就会优先考虑我们的产品，是吧？"

客户："哈哈，你这是一步步让我跟着你走啊，好吧，我会重新考虑两家的产品报价和实际情况，给你们公司一个机会。"

最后，经过客户的详细对比以及销售人员的后续努力，客户放弃了原来厂家的产品，选择购买这个销售人员推荐的产品。

这就是产品价格博弈中蚕食策略的体现。通过对客户购买意图的分析和确定，销售人员让客户在谈判中不由自主地跟随自己的引导，做出符合自己心意的购买决定。

小提示： 销售人员在使用蚕食策略时，不要太急功近利，否则客户会感觉销售人员咄咄逼人，致使价格谈判失败甚至交易失败。因此，销售人员在使用这一方法时，应该循序渐进，让客户不由自主地一步一步地接受销售人员报出的价格。

8.4 转移策略：先不谈价格，谈价值

价格谈判过程中，销售人员也可以采用转移策略来促成产品的销售，这种方法的核心是先不谈产品的价格，而是将产品的价值放在首位，使客户对产品的价值有大体的认识，从而更容易接受产品的价格。

这种转移策略的优点是使客户在产品价格的认识上有一个缓冲，不会让客户在第一时间出现拒绝的情况，而且先介绍产品的价值还能够让客户对产品的功能和优点有全面的了解，更加有利于产品的销售。

　　李志清是一家保健品公司的销售人员，在产品推销中处处碰壁。经过深刻反思，他找到了自己失误，原来是自己在产品报价环节出了问题。他总是先将产品的价格报出，而忽略了产品的价值说明。下面大家就来看一下李志清的产品报价过程。

　　一个周三的下午，李志清去一个小区里向一位大爷推荐店里的保健品，大爷一听对身体好，就很热情地问他产品多少钱，李志清像往常一样不假思索地脱口而出："398元一盒，三盒一个疗程"，李志清刚刚说完，大爷就推脱家里有事，离开了。

　　可以想象，对于一个在家里养老的大爷来说，将近400元一盒的保健品也太贵了，而且三盒一个疗程，怎么也得买两个或三个疗程才会有效果，超过千元的产品肯定会将这类客户吓跑的。

　　后来，李志清发现产品的价格对客户来说是有些贵的，在客户还未了解产品的价值和功效的情况下，自然会被高价吓走的。

　　之后，李志清报价时巧妙地使用了转移策略，先不谈产品的价格，而是先向客户介绍产品的价值，并且在报价的过程中运用了化整为零的报价方法。这样实施了一段时间之后，李志清的销售成交量果然上升了不少。

　　在调整了自己的价格谈判策略之后，李志清依然去了当初那个小区。他这次的客户是一位跳广场舞的大妈，大妈也对能够增强身体健康的保健品动了心，大妈向他询问保健品的价格。

　　这次李志清运用转移策略，先向客户讲解了产品的功效，之后又将产品的价格化整为零，进行报价。李志清很亲切地告诉大妈："产品的价格不贵，我们的产品添加了众多珍贵的药材，对您这样的中老年人有显著的增强免疫力的功能，而且我们的产品还具有降血脂、降血糖、抗氧化等的功能，对于改善人们的记忆力和睡眠质量有奇效。您每天只需要为您的健康投资10元钱，就可以让您更加健康。"

　　听完李志清的产品介绍，大妈对产品更感兴趣了。随后，李志清又为大妈详细地介绍了产品的优势和服用禁忌等信息。最后，大妈虽然认为整盒的产品价格有些贵，但是想到之前的产品价值介绍，还是非常痛快地买下了产品，而且还一下子买了两个疗程的产品。

从上面的案例中，大家可以看到影响销售结果的关键因素是产品的不同报价方式。在整个销售过程中，产品的价格从来没有发生改变，但是却出现了两种截然不同的销售结果。

销售人员第一次和客户谈及产品的价格时，是先报出了产品的价格，之后再向客户详细地介绍产品，这种报价方式很容易让客户产生产品价格较高的感觉。而销售人员第二次对客户报价是在产品的价值介绍完以后，让客户充分感受到了产品的价值。第二次报价还运用了化整为零的报价方法，让客户比较容易接受产品的价格。

因此，如果推销的产品价格不低，销售人员就可以采用这种转移策略，先向客户说明产品的价值，之后再向客户说明产品的价格。这样，客户就会比较容易接受产品的价格。

💡 **小·提示**：在使用转移策略时，应注意客户对产品价格的态度，如果客户对产品的价格不太关注，销售人员也可以先向客户报出产品的价格。至于是否采用这种方法，还需要销售人员根据当时的实际情况进行判断。

8.5 赠品策略：价格不变，赠礼品

在价格谈判中，赠品策略也是一种非常有效的销售手段。在产品价格不变的基础上销售人员向客户赠送一定的礼品，让客户感受到优惠，从而促成产品的顺利销售。

在销售过程中，销售人员常常为了提高销量会主动为客户送去赠品。举例来讲，如果客户购买一袋大米，销售人员主动赠送客户一个淘米盆；如果购买电磁炉，销售人员就送客户一条围裙等。虽然这些赠品的价值不高，但是赠品却是客户需要的。所以，当客户想要争取降价时，销售人员就可以送他们这些赠品，让客户感受到销售人员的诚意，不再纠结于产品原来的价格。

王冰是一家花店的销售人员，她常常会遇到客户在买花的过程中讨价还价的现象，这让她熟练掌握了与客户进行价格谈判的技巧。她就是利用赠品策略，在产品价格不变的基础上，送客户一些赠品，来满足客户的求利心理。下面是她的实战场景。

王冰："您好，请问您需要买些什么花？"

客户："你好，我想买一束康乃馨，送给我的母亲。"

王冰："这样啊，这边是今天早上刚到的康乃馨花束。您看怎么样？"

客户："挺好看的，多少钱？"

王冰："这一束是288元。"

客户："288元，这么贵，能打折吗？"

王冰："是这样的，客户，我们店里的花束都是鲜花，每一天都会从市场中运过来，保证新鲜、完美，所以，这里面的成本就非常高，是不能打折的。"

客户："这些我都知道，但是不能便宜点吗？便宜点我就定下这束花了。"

王冰："这样吧，我送您一张我们店里特制的祝福卡片，您将想说的话都写在上面，精致的卡片上是您的祝福语，相信您的母亲一定会非常喜欢的。"

客户听到王冰这么说，自然就不再纠结于产品的价格，转而将注意力放到鲜花祝福上去，非常愉悦地结束了这场购物。其实，销售过程中给客户送赠品看似很简单，但是其中蕴含的学问也很多。赠品送得好，客户就会非常满意；反之，如果赠品选得不好，就会影响客户对产品的兴趣和购买热情，达不到促成产品销售的目的。

因此，销售人员在选择赠品时应该注意以下问题，才能保证赠品发挥出更大的效益，如图8-1所示。

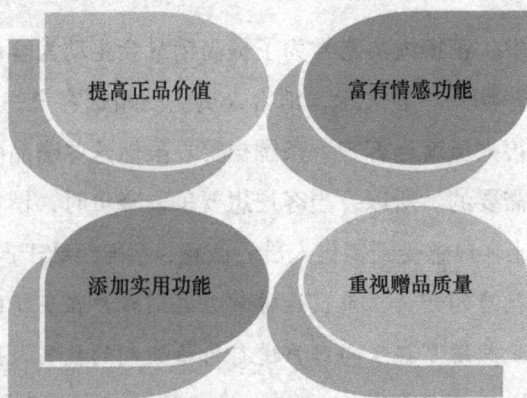

图8-1 选择赠品时应该注意的问题

提高正品价值

富有情感功能

添加实用功能

重视赠品质量

1. 提高正品价值

销售人员在选择赠品时需要注意，为客户送赠品的行为是与产品打折降价不一样的，客户不会单纯因为赠品而购买产品，却会非常在意正品的价格。如果能够用最少的钱购买到更多的产品，客户就会感到非常开心，也能够让销售的过程更加顺利。

所以，销售人员在选择赠品时要根据不同顾客给赠品塑造价值，进而提高正品的价值。这样才能让客户看到自己虽然没有少花钱，但是获得了有价值的赠品，正品的价值也得到了提升，所以，自己获得赠品是不吃亏的。

2. 添加实用功能

赠品的实用价值在选择中是一项重要参考要素。生活中虽然有些物品不惹眼，但是人们却始终离不开它，直到有人提醒说它该换了，如菜刀、地垫、台灯等生活用品。如果商家做促销活动将这些商品作为赠品，客户才会意识到，这件物品已经用了好多年了，应该换件新的了。这种雪中送炭的行为比锦上添花更难能可贵，因为它体现了销售人员对客户的深度关心与关怀。

3. 富有情感功能

除了实用功能，赠品在挑选时还要兼具情感功能。在实际的赠送过程中，客户虽然不反感仅具有实用性的赠品，但也不会对其特别满意。而情感功能则是一棵常青树，如爱情、健康、绿色这样的概念，所以销售人员送玫瑰、运动服、花草等，客户可能会更喜欢。

举例来讲，情人节的时候，销售人员可以送一起来的情侣客户一对漂亮的情侣杯子，一只是"天长"，一只是"地久"，寓意特别美好，成本也不高。情侣会很喜欢这种温馨美好的祝福，并记忆深刻。自然，客户对产品价格的关注就会减低，从而愿意接受原来的产品价格。

4. 重视赠品质量

劣质的赠品不仅得不到客户对商家的赞美，还会起到相反的效果。有些经销商在做促销活动时，各种宣传活动都很到位，却在赠品的选择上偷工减料，将一些劣质产品作为赠品送给客户。

当劣质的赠品摆在客户面前时，客户自然不会对销售人员的行为满意，也不会对产品的价格满意。因此，销售人员要想维持产品原有的价格，就要注重赠品的品质，用质量好的赠品来打动客户，让客户将注意力转移到赠品的质量上，从而不再纠结原来产品的价格，最终以原价购买产品。

> 💡 **小·提示**：在应用赠品策略时，销售人员应该对产品的实用价值、情感价值、赠品的质量和对正品的促销作用都考虑进去，以达到让客户看到销售人员诚意的效果，使客户感觉"正品＋赠品"整体的价格并不贵，欣然同意原来的产品价格。

8.6 反问策略："那今天能下单吗"

反问策略是价格谈判中的一种有效策略，这种方法的应用场景是客户对产品已经有了基本的了解，并且有很大的意愿购买产品。

下面是销售人员在价格谈判中使用反问策略的销售场景。

销售人员："您好，欢迎光临本店。"

客户："你好，我想买一个全牛皮的双肩包，你们店里有吗？"

销售人员："有的，您这边请。"

客户："好的。"

销售人员："您看这款包怎么样？它的材质就是全牛皮的，并且做工精细，款式新颖，很适合您的气质。"

客户："是吗？这款包多少钱？"

销售人员："这款包是上星期刚到店的新货，再加上包本身的价值，其价格有些偏高，单价为9888元。"

客户："这么贵啊，你们店里没有打折吗？"

销售人员："不好意思，现在这款产品是不参与打折活动的。"

客户："这样啊，包是很好，不过价格实在是不低啊。"

销售人员："这就是物有所值啊，人们都说'一分价钱一分货'就是这个道理，产品的价格高，说明它的价值高啊。"

客户："你说的我都知道，我就想问问，能不能把价格降一些？"

销售人员："这个，您今天下单购买吗？"

客户："如果你打个折扣，我就今天买。"

销售人员："那好吧，我去问问店长，如果您今天购买的话应该可以给您按会员价折扣。"

客户："好的，那我就今天买。"

从上面的销售场景中大家可以看到，销售人员使用反问策略可以加快产品销售的进程，当客户纠结于产品的价格高低时，销售人员就可以使用这一方法引导客户向着产品的成交去想，从而让产品的销售过程更加顺利。

销售人员在使用反问策略时需要注意如下问题。

1. 用产品品质影响价格谈判

在产品销售的过程中，产品品质在很大程度上影响客户的报价，如果客户对产品的品质十分认可，那么通常会将产品价格定得高一些，如果客户对产品的品质并不认可，就会将报价降下来。

所以，产品品质对产品在客户心中的价位形成了很大影响。如果销售人员想要把产品卖出好的价格，就必须对产品进行包装、设计，对其售卖的产品品质有好的保证，这样，才能够在客户心中形成产品档次高的感觉，其产品的报价自然就提高了。

2. 选取同类产品做价格对比

客户在购买产品时，常常会使用"货比三家"的购买策略。所以，客户在对产品报价时，竞品的价格会直接影响自己产品的价格。如果竞争对手的产品是市场的主导者，那么产品的定价通常会被对方掌控，销售人员在售卖产品时就要根据主导者所定出的产品价格，来调整自己产品的价格。

另外，客户在购买产品时，会找出行业中有代表性的产品价格，与本产品进行对比。客户就会在报价的过程中，选择一个合适的价格向销售人员报价。所以，当客户的报价与产品的实际售卖价格极其接近时，销售人员就要将产品的实际价格告知客户，以此来获得他们的信任。

3. 注意反问时的客户反应

销售人员在对客户使用反问策略时，需要注意反问时的客户反应。有时候即使销售人员注意了语气和态度，客户也不愿意接受销售人员的说辞，认为销售人员的服务不到位，对销售人员产生反感，导致价格谈判的失利，甚至会造成产品交易的失败。

因此，销售人员在使用这一方法时，应该特别注意客户的反应，根据当时的谈判场景对客户进行说服，灵活应对客户的各种情绪，以便让谈判获得好的结果。

> **小·提示：** 反问策略的核心是让客户尽快下定决心完成产品订单的签订。所以，销售人员在反问客户时，应该围绕产品销售订单的签订，在产品盈利的基础上尽力促成产品销售，这样才能使客户更顺利、更快地购买产品。

8.7 遛马策略："我理解……很多客户也……但……"

遛马策略是一种非常形象化的策略，这种价格谈判的方法是指销售人员面对客户的价格逼问，表现出顾左右而言他的状态，说一些其他的话来应对客户，让客户的注意力转移，从而消耗客户的耐心，让客户在最后的价格博弈中失去主动权。

销售人员在使用这一策略时，需要注意自己的态度，最好全程保持微笑，对客户提出的降价要求表示认可和理解，之后用第三人的案例告诉客户已经有很多人希望得到优惠，想要以低价购买产品，但是产品的价值非常高，成本也很高，所以，那些客户没有得到优惠，客户自己也不例外，不能够得到价格的优惠。

销售人员这样说，客户就会比较容易接受。这就是实现了将话说到客户心里去的目的，让客户愿意接受产品的价格，顺利实现产品的售卖。

下面是价格谈判中遛马策略的具体应用。

销售人员："您好，我是 ×× 工厂的销售人员王晓峰，今天过来拜访您是想和您谈谈产品的选购问题。"

客户："你好，请坐吧。"

销售人员："不知道您看没看我昨天给您发的邮件呢？"

客户："嗯，我已经看了。"

销售人员："那您对我们厂的产品有什么看法吗？"

客户："我看了一下你发过来的资料，对你们产品的质量还是很满意的。不过就是报价上稍微有些问题。"

销售人员："是吗？非常感谢您肯定我们厂的产品，很多客户也都说我们的产品在业内是数一数二的，如果贵公司购买了我们厂的产品，肯定会提高贵公司的生产效率的。您就别再考虑了。"

客户："质量是挺好，我们公司现在正在压低生产成本，所以希望你们能够调一下产品的价格。"

销售人员："贵公司在压低生产成本吗？难道是近期有大的动作？贵公司的发展前景非常好，现在一定是在升级产业链吧，正好我们的产品采用的是最新的科技，对产品升级，提高生产效率是非常有用的，所以您选择我们是非常明智的。"

客户："这个，公司是有升级生产规模的打算，所以，现在公司的资金都在压缩，购买设备的预算也被降了下来，因此不能按照你们的产品报价走。"

销售人员："这样啊，不过刚刚您都说了，公司在产业升级，一定需要一批新的设备，即使公司压缩了购置设备的预算，也会对设备的质量有严格的要求吧。我昨天对比了行业内的同类产品，发现就我们厂的产品最适合贵公司，所以我建议您还是选择我们厂的产品吧。"

客户："价格真的不能再降了吗？"

销售人员："实在抱歉，因成本问题，我们真的没有办法再降了。"

客户："好吧，那我回去和领导再商量一下吧。"

最后，客户打电话给销售人员，告知公司接受产品的价格，产品自然就按照销售人员的价格售卖出去了。

从上面的案例中大家就能发现，遛马策略的核心就是在谈判中销售人员反复用产品的优势和特征消耗客户的谈判耐心，一方面重复告知客户的产品价值，另一方面让客户在谈判中感到疲惫，不愿意再与销售人员进行价格的谈判。

> **小·提示：** 销售人员在使用这一策略时，一定要根据客户在谈判中的实际反应来灵活运用，如果客户已经察觉到了销售人员的策略，销售人员就不能再顾左右而言他，而是应该转换策略，继续与客户谈判。

8.8 黑脸白脸策略："老板知道我便宜卖会骂我"

黑脸白脸策略也是价格谈判中的常见谈判方法，这种方法是指谈判中位于相同立场的两名谈判者，分别出席两个回合的谈判，第一位谈判者"唱黑脸"，第二位谈判者"唱白脸"。

在谈判的过程中，"黑脸"负责给对方留下不好惹的印象，让他们觉得遇到这种谈判对手是倒了八辈子霉。"白脸"负责在谈判的第二回合扮演"和平天使"的角色，使对方松一口气。两者交替出现，轮番上阵，直到谈判顺利结束。

这种"黑脸白脸"战术的功效来自于两个谈判者的密切合作。"白脸"谈判者在基于对方对"黑脸"谈判者的抗拒心，做承前启后的工作。"黑脸"的表现若不成功，"白脸"就无法把"表演"进行下去。所以这种方法在实际运用中也需要一定的技巧。

美国传奇人物霍华德·休斯（Howard Hughes）被人们称为"怪才"，在其成名之后，他的性格和脾气表现得更为倔强和暴躁，与人谈判时常常会给对方造成不小的压力。有一次，他想收购一批飞机。有34架飞机都在他的购买计划里，其中的11架是非要不可的。起先，休斯亲自与飞机拥有者洽谈，却使谈话陷入僵局，最后休斯非常生气以至于拂袖而去。

虽然自己谈判失败了，但是休斯并没有死心，便找了一位朋友，希望替他谈判成功。休斯告诉他的朋友，只要能把他最中意的那11架买到手就行了。意想不到的是朋友居然说服对方将34架飞机都卖给了他。休斯非常佩服朋友的本事，问他怎么办到的。朋友回答说："很简单，每次谈判不顺利的时候，我便问他们是不是希望再请休斯本人出面来谈？听我这么一问，对方便失了气势，愿意按照我的意思来办。"

上面的小故事就是"黑脸白脸"策略的体现，巧妙运用这种战术，就能够起到令人满意的谈判效果。

实际上，销售过程中也常常用到"黑脸白脸"策略。一个销售员扮演"黑脸"的角色，对客户所说的价格表示出非常不满，另一个销售员扮演"白脸"，一方面劝导客户提高价格，一方面对"黑脸"销售人员的态度进行批评，进而让客户产生不好意思的感觉，使其主动放弃价格谈判，不再纠结产品价格的高低。

举例来讲，在商场里，当客户在产品的价格上与销售人员僵持不下的时候，销售人员可以说："我知道您是诚心想买这件电器，但是经理上周刚和我们说过不能降价，我现在给您私自降价，经理知道我便宜卖会骂我，您可欠我一个人情啊。"销售人员这样说，就让自己站在了弱势的一方，客户自然就会感觉自己购买的产品是超值的，这样，客户也会更爽快地买下产品。

由此可见，"黑脸白脸"战术在实际的价格博弈中是非常有效的，如果销售人员在使用其他的方法没有太明显的效果时，就可以找一个同事或者是营造一个假象来扮演"黑脸"的角色，让客户感受到眼前为他服务的销售人员才是最合适的销售人员，能够以低价位卖给他产品。这样，客户就容易对眼前的销售人员产生好感，快速地下单购买产品。

> **小·提示**：销售人员在使用"黑脸白脸"策略时，要注意把握好分寸，不能让"黑脸"黑得太厉害。否则，容易让客户感到自尊心受挫，从而不愿意再购买产品。

8.9　上级权力策略："我去请示一下老板"

价格谈判过程中，上级权力策略也是一种非常有效的方法。这种方法是指销售人员在与客户对产品价格僵持不下的情况下，向客户推脱"自己没有办法做出价格让步，需要去请示上级"的价格策略。通常客户在看到销售人员使用这种方法时，就会认为自己在价格谈判中获得了好处，进而愿意购买产品。

　　价格谈判中，销售人员对客户说："我已经没有了降价的权力，所以我必须去请示一下老板"，在无形中就告诉客户产品的价格已经降到最低，权力小的销售人员已经不能决定产品的价格了。

　　王华是一家手机大卖场的销售人员，他的业绩十分突出。在销售中，他非常善于用上级权力策略就产品价格与客户进行谈判。下面是王华的销售过程。

　　王华："欢迎光临，我是销售员王华，您需要什么样的手机，我可以帮您介绍一下。"

　　客户："我想要一款男士商用手机，送给我男朋友做生日礼物。你有什么推荐的吗？"

　　王华："您这边请，这款手机非常适合商务男士，它的外形和笔记本功能都非常棒，是现在最好的商务手机，相信您男朋友看到一定会喜欢的。"

　　客户："除了外形和记录功能，这款手机还有什么特别的功能吗？"

　　王华："还有许多功能，其中比较突出的是快速充电功能，充电只需几分钟，就可以使用两三个小时，非常方便。您男朋友是商务人士，应该随时都需要手机，所以您为他挑选这一款手机准没错。"

　　客户："功能是不错，不过我看价格有点贵啊。我现在刚刚上班，没有很多钱，所以能不能打个折呢？"

　　王华："实在对不起，这款手机现在正在做活动，价格已经是最低价了，没有办法再打折了。"

　　客户："可是手机还是很贵啊，价格真的不能再降了吗？如果你再降200元的话，我现在就买了它。"

　　王华："这样吧，我看您是真的很想买，我也没有权力给您再降价了，不过我可以帮您去问问老板，如果老板同意的话，就给您拿这部手机，好吧？不过我可先跟您商量好，我们老板很有可能是不同意的，毕竟手机已经是最低价了，您可不要抱太大希望。"

　　客户："好的，那你去问问吧。"

　　王华："您好，是这样，老板说手机已经在做活动了，不能再降价了，不过他听说您是给男朋友买生日礼物，所以破格允许可以将手机的价格降100元，就当给您男朋友的生日礼物。"

客户："那好的，我就要这一部手机了，你帮我开票吧。"

从上面的销售场景中看，销售人员在价格谈判时适当"搬"出老板，运用上级权力进行销售是非常有效的方法。销售人员在请示老板过后，对客户适当地让出一部分价格，这样，客户就会对自己的价格谈判结果感到满意，从而愿意以约定的价格购买产品。

> **小·提示**：销售人员在使用这一方法时，需要注意，在请示老板之前不能表现得很轻松，否则就会让客户产生一种价格还有很大商谈空间的想法，不利于产品价格的商定。因此，销售人员在面对客户时要表现出很为难，这样才能满足客户的求利心理，促成价格谈判的成功。

情景测试

情景测试 1： 客户希望自己报一个底价，并表示如果价位合适就购买，应该如何报价？

答案：_____

_____

参考答案：我们这款产品市场价 220 元 / 份，现在优惠价是 205 元 / 份。

要点：客户多会在报出底价后再次要求优惠，所以底价应该在 205 元 / 份以下。

情景测试 2： 产品原价 2100 元，客户直接出价 1500 元，应该如何还价？

答案：_____

_____

参考答案：这是今年的畅销款，目前库存也不多了，好货不愁卖。您给的价格确实太低了，可以去其他店里对比一下。

情景测试 3： 客户问了很多问题，但是并没有表示购买的意向，如何反问客户？

答案：_____

_____

参考答案：我们的产品质量是有认证的，如果您确定要买的话，咱们可以坐下来，对您的问题进行一一解释。

情景测试 4： 双方在价格上产生了僵持，如何通过博同情法实现成交？

答案：_____

_____

参考答案：看您就是一位高管，如果您的业务员自己贴钱卖产品，您有什么感受？我给您的价格已经是底价了，如果再降只能我自己贴钱进去了。

第9章
弦外之音：多说不如多听

通常人们在谈话中不会说出自己的全部真实想法，有时会故意有所隐瞒，有时是因为不便所以不能全部吐露心声。同样，在销售过程中，客户也有可能会出现这种情况。这时，销售人员能够听懂客户的弦外之音就显得非常重要。本章就带大家了解和掌握一下客户所说的话及其弦外之音的典型话语，帮助大家尽早明确客户心意，促成产品的销售。

9.1 "不需要"：你没有引起我的兴趣

销售人员在推销产品的过程中，常常听到客户说"不需要"，其实这句话的弦外之音是客户对销售人员的产品不感兴趣，换句话说，就是客户在心理上觉得产品或者销售人员的介绍没有引起他的兴趣。

面对客户这样的拒绝话语，销售人员要懂得揣摩客户的心理，听出客户的弦外之音，从而根据客户的心理实行相应的对策。

王芳是百货大楼的销售人员，周末的下午，百货大楼推出了圣诞节特别活动。大楼内人来人往，很多客户都过来看商品，但是多数客户都是看几眼就走了。王芳过去向客户介绍产品，客户也一副不想买的模样。

后来，她找到了一位客人，这位客户没有明确地拒绝她的推销，于是王芳使尽浑身解数向客户推销产品，但是客户从头到尾都表现得非常犹豫，最后，客户告诉王芳自己不需要这件产品。

王芳心里想，既然你不需要这件产品，为什么要听我介绍这么半天呢？后来等到客户走了，晚上下班回家走在路上的时候，王芳悟出了一些道理，这位客户是有购物意图的，所以他能够坐下来听自己介绍产品。但是，最后客户没有买，对自己说"不需要"，那就是客户找的借口，是自己的介绍没有引起客户注意的原因导致的。

如果产品介绍非常有吸引力，产品也能满足客户的需要，那么，客户应该会买下产品。客户说"不需要"只是借口，销售人员应该反思自己的产品介绍流程。

从上面的案例中大家可以看出，客户以"不需要"为理由拒绝了销售人员，很大一部分原因是销售人员的介绍没有引起客户的注意，不能提起客户的兴趣。那么，在遇见这种情况时，销售人员应该做好以下两点来吸引客户的注意。

1. 明确客户的真实意图

客户说"不需要"时，可能是真的不需要该产品，也可能是为了敷衍，想拒绝销售人员的推销。面对这种情况，销售人员首先要对客户的真实情况做出判断：如果客户是真的不需要，那么，销售人员可以快速向客户表明自己的产品非常好，当客户需要时，可以来光顾；如果客户是用"不需要"为借口来拒绝产品介绍，那么销售人员就要想办法留住客户的心，让客户产生交流的意愿。

2. 集中展示产品的亮点

一般的产品介绍都是对产品的性能和品质做详细全面的介绍，如果产品的功能很多，销售人员就会介绍很久。但是，客户的时间有限，除非客户对产品有强烈的购物欲望，他才有可能认真地听完销售人员的介绍，否则他们常常会感到产品的介绍非常普通，不能对其产生兴趣。

面对这种情况，销售人员应该主动精简产品的介绍，找出客户感兴趣的关键点进行集中展示和介绍，而不是进行全面介绍。如果客户对产品失去耐心，自然也会对产品失去兴趣。

> **小提示**：当客户说"不需要"的拒绝语时，销售人员应该懂得客户的弦外之音，主动转变产品介绍的方式，放弃进行全面介绍，转而进行产品优势和亮点突出的介绍，将客户的注意力和兴趣集中起来。

9.2 "没有钱"：借口或经济紧张

"没有钱"也是客户常说的拒绝语之一，当客户说这类话时，最可能的两种情况是客户用这个做借口或客户的经济确实紧张。销售人员要想与客户充分交流，将话说到客户的心里去，就需要听出客户说"没有钱"这句话的弦外之音，分析客户的实际情况，找出客户拒绝的原因。

当客户说"没有钱"时，如果他们对销售人员介绍的产品确实不感兴趣，他们就只是将这句话作为拒绝的借口，而且在他们说完这句话后就会没有任何留恋地转身离开，对产品并不会有过多的询问。

针对客户的表现，销售员可以对客户进一步判断，虽然客户自己可能确实不需要该产品，但是销售人员可以对客户进行人际关系圈的延伸，之后再根据产品的使用群体向客户推荐。举例来讲，如果销售员卖的是保健品，那么就可以说服客户让其为自己的爷爷奶奶买一盒，让客户对产品形成新的需求。

如果在这之后客户还是没有购买产品的意向，销售人员也不要过分勉强。这时，销售人员可以大方、有礼貌地向客户递上一张名片，告诉客户"没关系，有需要时欢迎联系我们"。这样做可以在客户的心中留下好的印象。如果客户在今后对产品有购买意向，就会拿起名片，主动联系你了。

作为一名优秀的销售人员，其工作目标就是将产品销售出去，满足客户的需求。所以，无论客户是对产品产生疑问还是对产品没有需求，销售人员都要学会挖掘客户拒绝背后的真相，找到解决问题的突破口，让客户欣然接受产品。

客户说出"没有钱"时也会存在另一种情况，就是客户的经济确实紧张，不能承担购买产品的费用。一般情况下，大多数的客户在购买商品时，都会按照自身的收入情况进行选择。

举例来讲，一位工薪阶层的客户，对奢侈品的购买概率通常会很小，而对于高收入水平的客户，购买奢侈品就会很平常。所以，销售人员在推销产品时也要注意客户的收入水平，从而正确地对客户所说的话进行判断，辨别客户话语的弦外之音。

这类客户在购买产品时，往往会更加青睐价格较低的产品。如果销售人员听出了客户的弦外之音，根据客户的收入状况为其推荐一些性价比较高的产品，客户就很有可能接受。

田庆宝是一家品牌西装柜台的销售人员，在他的销售过程中常常会遇到客户说"没有钱"的情况，经过多次观察他发现客户在说出这类话时，普遍都是以此为借口，客户真正没钱购物的情况很少出现。

因此，田庆宝在应对客户时，首先分析客户为何找借口拒绝，之后再根据客户拒绝的真实原因对客户进行解释和针对性的产品介绍，从而让客户不再纠结于产品的价格，将注意力转移到产品的质量上去。

总体来说，销售人员在面临客户说"没有钱"时，要针对客户的实际情况进行分析，找出客户真实的购买情况。在这一基础上，销售人员需要对客户进行有针对性的产品介绍和推销，将话说到客户的心里，促成产品的销售。

> **小提示**：销售人员在面对客户这样拒绝时，应该分析客户的真实意图，分辨客户是借口还是经济紧张，从而转变销售方式，促成产品的成交。

9.3 "没时间"：工作忙、兴趣不大

在销售过程中，很多客户也会用"没时间"来回绝销售人员。当客户说出这类的拒绝的话时，通常也有两种比较常见的情况：一种是客户自己本身的工作很忙，确实是没有时间；另一种是客户对产品或销售人员的产品介绍不感兴趣，不想再听销售人员的介绍。

针对客户说"没时间"进行拒绝时，销售人员首先要分析客户是否是真的没时间，根据客户的一些表现，来做客户真实情况的判断。如果客户是真的没有时间交流，那么，销售人员可以快速地向客户约定下一次见面的时间，给客户留下好印象。如果客户是用"没时间"为借口来拒绝交流，那么销售人员就要想办法留住客户的心，让客户产生与自己交流的意愿。

无论是上面哪种情况，销售人员都不能有消极的情绪，而应该对客户表示理解。即使销售人员知道客户是在用"没时间"来拒绝自己，也不要对此

有怨言，甚至对客户抱怨。这样做，就会将双方的交易彻底斩断。这时，销售人员要做的就是对客户表示理解，之后再进行沟通。

举例来讲，销售人员可以对客户说"是的，我知道您很忙，您在公司要处理的事情很多，您将公司打理得这么好，肯定费了不少精力。但我只需要3分钟，向您介绍一下产品，不会耽误您很长的时间……"

销售人员用与上面类似的话术，对客户的日常工作和工作能力进行表扬和肯定，理解客户的不易，就能够在很大程度上获得客户的好感，减少其对销售人员的抵触心理。

一般来说，客户拒绝的原因有很多，最为常见的原因就是产品不能满足客户的需求。所以，销售人员应该从这方面入手，了解客户的需求，这样才能将产品顺利地销售出去。下面是应对客户的两种方法。

1. 拉住客户，问清楚客户不喜欢的原因

销售人员可以对客户说："请您先等一等，我明白您不喜欢我们的产品是您的个人喜好，但是您可以帮我一个小忙吗，我想知道您'想再看看'的真实原因是什么呢？毕竟我的产品展示能力有限，您对这款产品的哪些地方存在顾虑呢？是产品的价格、质量、还是……."之后，销售人员就用诚挚的眼神希望客户回答。

通常，这种问题就会使客户产生一种沉默的压力，这时，就会有一部分顾客向销售人员说出离开的真实原因，如觉得产品价格高、质量不满意等。

如果客户回答了销售人员的问题，销售人员就能够了解客户的真实想法，就要马上针对客户不满意的地方进行集中解释和讲解，这样，就会使销售过程更有针对性，让销售订单更加顺利地签订成功。

如果客户比较强硬，拒绝回答销售人员的问题或敷衍销售人员，这种情况下，销售人员就应该礼貌地对客户表达歉意，让客户自行离去。在送客户离开时，销售人员对客户说上一句："不好意思，耽误您的时间，如果您对产品有需要，欢迎您下次光临"，让客户感受到尊重，不会对销售人员和产品产生厌烦的感觉。

2. 激发客户的兴趣

销售人员可以先询问客户的喜好和兴趣，之后再根据客户感兴趣的话题进行产品介绍为客户设定一定的挑选标准，让客户按照设定的标准去衡量产品，使客户的兴趣和需求都得到满足，从而实现产品的销售。

> 💡 **小·提示**：销售人员在应对这类客户时应该把握好分寸，主动对客户的兴趣做一些了解，之后以客户的兴趣为产品介绍的切入点，从正面避免客户说"不感兴趣""没有时间"等拒绝的话，从而促成产品订单的签订。

9.4 "考虑考虑"：有顾虑或不满

销售人员在介绍产品的过程中，客户说"考虑考虑"等类似的话时，常常预示着客户在心中对产品有所顾虑或对产品有一些不满意的情况。这时，销售人员应该听出客户的弦外之音，分析出客户的真实意思，在这一基础上，对客户进行挽留和产品推销，从而促成产品的销售。

王晓芳是一家化妆品专柜的销售人员，在她的销售工作中，常常遇到客户说"考虑考虑"的情况。所以，在应对这一状况时，她会显得非常熟练，能轻松获得客户的信任，从而顺利地完成产品的销售。下面是王晓芳在客户说"考虑考虑"时的应对方法。

王晓芳："您好，您是想找护肤品还是想找化妆品呢？"

客户："我先看一下，你们这儿有保湿类的护肤品吗？"

王晓芳："您来得正好，现在有一款护肤品昨天刚刚续货，如果您早来几天或是晚来几天，就不一定买得到了。您看，这款护肤品是一个套盒，由洗面奶、保湿水和乳液组成，其中所添加的成分是非常有利于保湿的，同时它还有美白功能，能帮助您在补水的同时提亮肤色。"

客户："产品真的这么好吗？我原来用过的产品效果都不太明显。"

王晓芳："产品和产品是不一样的，您原来购买的产品可能对您的皮肤不合适。这样吧，我们店里有一套皮肤检测仪，可以先给您检测一下皮肤，再依据皮肤的状况看您是否适合这款产品。"

客户："好啊，我正好想去测一下皮肤状况呢。"

王晓芳："请您过来，经过检测，您的皮肤确实存在缺水的情况，但是您只买补水产品是不够的，因为您原来的护肤品可能不太适合您的皮肤，所以，您的皮肤毛孔已经堵住了，需要先对皮肤进行清洁，才可以将水分补充进去。"

客户："是这样啊，看来我需要一款清洁皮肤的产品了。"

王晓芳："其实，不瞒您说，我原来的皮肤和您的差不多，也很缺水，不过后来我使用了店里的这款清洁用的毛孔导出液和补水套盒后，就将皮肤护理得好多了。您看，我现在的皮肤好多了吧。"

客户："真的啊，那我也买一套试试。"

结果可想而知，王晓芳通过让客户做皮肤权威测试和向其讲述自身试用产品的经历，获得了客户的信赖，打消了客户的顾虑，客户自然就痛快地买下了产品。

销售人员要想将产品顺利地售卖出去，就要懂得分析客户的购买顾虑，当客户说"考虑考虑"时，销售人员要首先对客户的顾虑进行分析，找出客户不立即购买产品的原因，在此基础上，根据客户的顾虑对其进行针对性的解释，让客户打消顾虑，对产品产生信任感。

其实，销售人员在面对客户的这种犹疑态度时可以采用 7.2 节和 7.3 节的方法打消客户的顾虑或消除客户对产品的不满，从而让产品取得客户的信任，最终实现产品的售卖。

> **小·提示**：销售人员在辨别客户的话外之音时，要对客户的心理有一定的了解和分析，这样，销售人员就能够针对客户的顾虑对其进行产品的介绍和展示，从而帮助客户打消对购买产品的顾虑，促成产品的售卖。

9.5 "有同类产品了"：竞争对手先行一步

在销售过程中，客户若以"有同类产品"为拒绝语，其真实的想法很有可能是已经有竞争对手先行一步了。这种情况下，销售人员不能再遵循常规依旧只是向客户展示自己的产品，而是需要用对比的方法，让客户发现眼前产品的强大竞争力。

一般来说，客户在面临产品有竞品的选择时，常常会受先入为主思想的影响，认为竞品的质量和性能比较好。所以，当客户说"有同类竞品"时，销售人员就要对竞品与自己的产品进行的对比分析和说明，让客户知道与竞品相比，销售人员现在介绍的产品更加具有优势，这样，客户就会比较容易地改变原来的想法，对现在的产品更加青睐。

下面是一个相对典型的销售场景，从中可以了解和学习在客户说"有同类产品了"时听出弦外之音，化解产品销售过程中的不顺。

销售人员："您好，今天过来看计算机啊。"

客户："嗯，随便看看。"

销售人员："您这边请，这几款计算机都是这个月的新品，性能和品质都非常好。"

客户："好，我看看。"

销售人员："您是给自己看，还是给孩子看呢？"

客户："给自己看。"

销售人员："那您对计算机有什么特殊的要求吗？"

客户："没有特殊要求，就随便看看。"

销售人员："那我给您介绍一款适合您的产品，您再仔细看看？"

客户："不用了，其实我已经看了同类竞品了。"

销售人员："这样啊，您已经在别处看好了，那您买下计算机了吗？"

客户："还没有，不过我看那台计算机挺好的，我再转转，回去就买了。"

销售人员："是啊，您应该多转转嘛，货比三家才不会吃亏，您看的是哪一款计算机啊，看看我们这儿有没有？"

客户："嗯，是这一款。"

销售人员："是吗，看来您是真有眼光，挑中的这款是今年的爆款，那边的销售人员也是这么说的吧？"

客户："是啊，他说这款计算机是卖得最好的。"

销售人员："那他们店里在做活动吗？是送键盘和音响吗？"

客户："这个好像没有，你们这儿在做活动吗？"

销售人员："对，我们店正赶上周年庆，所以产品打折的同时还有好礼相送。"

客户："这样啊，那我再看看你们店里的产品。"

销售人员："好啊，您看看，其实计算机都一样，从我们店里买，您不仅会省钱，还有礼品拿，何乐而不为呢？"

客户："好吧，那我就从你们店里买了。"

从上面的销售过程中，大家可以看出，即使客户已经有了购买同类产品的意向，如果销售人员能够听出客户的弦外之音并对自己的产品进行介绍，客户也有可能改变心意，转而购买自己推销的产品。

那么，销售人员要想实现这一转变需要采取以下具体行动。

1. 找出竞争对手的劣势

在销售过程中，如果有竞品已经获得了客户的心，销售人员最先做的就是找到竞品的劣势，即竞品与自己的产品相比较薄弱的地方。如价格劣势，如果竞品与自身产品相比价格较高，那么自己的产品就在价格上占有了优势，从而让客户产生一种"产品质量高，价格优惠"的印象，让竞品在客户心中的形象大打折扣。

2. 突出自己产品的优势

销售人员第二步要做的是突出产品的优势。无论是从产品的价格还是产品的质量，销售人员都要在与客户谈判时将自己产品的优势突出出来。在向客户的介绍中，销售人员要尽可能地从不同的角度进行分析，将自己产品的显性优势和隐性优势都突出出来，以便让客户感受到竞品与产品之间的差距，从而改变心意，购买自己推荐的产品。

3. 摆出事实让客户选择

用事实说话永远是一种说服人的有效方法。如果销售人员在分析产品与竞品的过程中，能够将两者之间存在的差距用事实加以证明，就会起到非常不错的说服效果。举例来讲，客户在购买手机时，销售人员可以对手机的内存、材质、充电效果进行分析和比较，拿出真实的数据或者书面证明，告诉客户自己产品的优势，从而转换心意，不再青睐竞品，将目光转向自己的产品。

> **小提示**：销售人员在面对这种情况时，应该明白产品推销成功的关键是让客户将目光转到自己推销的产品上来，使其明白产品与竞品相比的优势，这样，客户才能改变先入为主的印象，对眼前的产品产生好感，进而购买产品。

9.6 "做不了主"：推脱或找错人

在销售过程中，客户说"做不了主"的弦外之音很有可能是在推脱或销售人员找错了人。这时，销售人员就要辨别客户所说的话的真假，从而根据客户的真实意图进行应对。

如果客户是在推脱，销售人员可以适当使用激将法来应对，向客户说"就买一件衣服您还需要向老婆请示吗？""这么简单的采购业务您还没有决定权啊？"等，从而激起客户的好胜心态，使客户由被动变为主动，痛快地买下产品或签下销售订单。

在面对客户说出这样的话时，销售人员刘芳有自己的一套应对方法。刘芳是一家保险公司的保险推销员，在她的保险销售的过程中就常常使用激将法，对说"做不了主"的客户进行刺激，从而说服客户顺利地签下保单。

周六的下午，刘芳带着自己的保险单去拜访客户。客户是一名中年男人，但是在他听完刘芳的介绍之后，并没有痛快地签下保单，而是表现出诸多犹豫。

刘芳转换了一种方式向客户进行推销，她说："我这个月拜访了很多客户，其中有很多是您这样年轻有为的男士，他们都非常顾家，所以，在我向他们介绍保险之后，他们都为自己的妻儿购买了保险。相信您也是这样的男士，您说呢？"

客户听了刘芳的话，其实已经有了购买保险的意愿，但并不是很强烈。所以，客户对刘芳说："你说得都对，但是家里这些事情都是我老婆在管，我也不太了解，你现在是找错人了。"

这时已经到了销售的最后关头，销售人员刘芳已经听出了客户的弦外之音，客户是在犹豫不决，不能立刻下决心买下保险，他想再去思索一段时间，所以，刘芳趁着客户犹豫的时刻，又向他进行了激将法式的说服。

刘芳对客户说："我相信您对您的妻子和子女有深沉的爱，但是我想您是不是没有将他们的平安放在首位呢？如果是，为什么不为他们的安全毫不犹豫地购买一份保险呢？这样，他们的安全就有了保证。现在您还在犹豫买还是不买，难道您对妻子和子女的关爱并不深吗？您刚才说我找错人了，是您的妻子管理家务还是您在家里没有权利做决定呢？还是说您对于是否购买保险，还需要征求老婆的同意呢？"

销售人员这样说，在很大程度上就激起了客户的购买欲，客户为了急于证明自己的权威，马上就决定为家人购买保险，而刘芳就理所当然地获得了保险的订单。

这就是销售过程中遇到客户以"做不了主"为借口拒绝的应对方法。这种方法有显著效果的原因就是因为客户在购买商品时，常常想要从交易的过程中获得尊重和赞美，而一旦销售人员对其权威进行了挑战，就会在很大程度上激起客户的好胜心，这时，客户就会将理性的思考暂时抛之脑后，用立即购买商品的行为来证明自己的权威。

所以，销售人员可以运用客户的这一心理，在恰当的时机激发客户的好胜心，从而促成订单的签订。

除了上述情况客户会说"做不了主"的拒绝的话外，销售人员也会真的有找错人的情况，这是因为销售人员在拜访客户前准备不充足造成的。如果出现了这种情况，销售人员就要对客户表达歉意。

小·提示：在客户说"做不了主"时销售人员一定要对实际情况进行了解。这样，才能分辨客户的真实意图，从而进行下一步的产品销售。

9.7 "再看看"：选择范围不够

客户说"再看看"的话时，通常隐含的意思是销售人员提供的产品选择范围不够，为了应对这一场景，销售人员应该掌握一定的应对方法，为客户提供多样的选择，从而留住客户。

下面是一个销售人员应对客户说"再看看"的场景，以帮助大家了解和掌握应对这类客户的方法。

销售人员："您好，欢迎光临本店，请问您需要些什么？"

客户："我来看看化妆品。"

销售人员："好的，你请这边坐，我给您介绍几款。"

客户："好，我想要保湿效果好一点的，你们这儿有吗？"

销售人员："有的，刚刚到店一批新款保湿套装，保湿效果特别好。"

客户："是吗？我看一下，嗯，还可以吧，还有别的款吗？"

销售人员："嗯，这里还有两款保湿效果不错的产品。"

客户："就这三种吗？"

销售人员："是的，我们店里主打的保湿产品就这三种。"

客户："这样啊，那我再看看吧。"

销售人员："女士，您先别走，我们店里还有许多别的产品，您除了买保湿的产品就不买别的产品了吗？"

客户："那倒不是，那我再看看。"

销售人员："其实，我在这儿上班很久了，周边其他的护肤品店的产品我都了解，虽然我们店的规模不是周边最大的，但是我们店的产品的质量是一流的，而且产品的种类也是最全的。您想再看看其他店里的产品，其实是没有必要的，其他店里有的，我们店里都有，其他店没有的，我们店里也有，所以，您就放心在我们店里买吧。"

客户："是吗，那我就再听你介绍一下产品。"

销售人员："好的，这款产品……"

最终，销售人员通过详细的产品介绍征服了客户的心，客户心满意足地购买了产品。销售人员应对客户说"再看看"的具体方法有如下几种。

1. 保持热情的态度对待客户

当客户说出"再看看"的话时，销售人员不能以产品不能成交就迁怒客户。相反，销售人员还要让客户感受到销售人员的热情，让客户相信销售人员是全心全意为客户服务的。并且，还要让客户感知到销售人员的专业和能力，相信销售人员完全有能力满足客户的需求。这样，即使客户去别的地方看了产品，在其想要回来购买产品时，就会没有压力地回来，重新购买产品。

2. 向客户主动提问

提问是一门艺术，适当的提问可以让客户感受到谈话的兴趣，既然客户说"再看看"，就说明客户还在犹豫，对产品的某一方面存在不满。这时，如果销售人员主动向客户提问，询问客户对产品的看法，就能够帮助客户理清自己的购买需求，也可以让销售人员和客户双方都受到启迪最终实现产品的售卖。

3. 多为客户推荐相关产品

客户说"再看看"，一定是产品不能满足客户的全部需求。所以，销售人员在听到客户说这类话时，要多为客户推荐适合的产品，并为客户对比推荐产品间的优点和不足，让客户看到店里的产品是丰富多样的，是可以满足自己的全部需求的。

4. 用对比来凸显自身优势

在销售过程中，很多客户都怀有"货比三家不吃亏"的消费心理，客户在购买产品时会进行产品的横向和纵向对比，这也是不同产品之间存在激烈竞争的原因之一。很多销售人员在听到客户说"再看看"时，都能心领神会，听得出客户是想去看看其他的产品，通过对比来决定是否购买产品。

所以，销售人员在介绍产品信息时需要明确一点，那就是产品介绍应该让客户了解到自己产品和同类竞品相比的明显优势，这样才能在一定程度上让客户打消"再看看"的念头，顺利实现产品的售卖。

以上就是应对客户说"再看看"之类话语的具体方法，销售人员在使用这一方法时，一定要结合当时的销售环境，对客户所说的话进行体会和琢磨，从而揣摩出客户的真实意图，将自己的产品介绍说到客户的心里去，满足客户的需要，实现产品的售卖。

> 💡 **小·提示**：销售人员在应对客户的这种拒绝时，要扩大客户的选择范围，以此为出发点对产品的功能和优势进行介绍和展示，促成产品的销售。

9.8 "太贵了"：给我便宜点吧

在产品销售中销售人员会经常遇到客户说"太贵了"的拒绝语。其实，当客户说这类话时，弦外之音就是希望销售人员能够让出一些利润，让产品更便宜一些。如果销售人员识别出了客户的弦外之音，就能够针对客户的真实意思调整产品的销售过程，这样，产品才能更顺利地销售出去。

下面是一个比较常见的销售场景，从中可以学习到当客户说"太贵了"时的正确应对话术，让销售人员的话说到客户的心里，从而让客户愿意购买产品。

销售人员："您好，欢迎光临本店。"

客户："你好，我想看一下空调，你们这儿有吗？"

销售人员："有的，您请这边来。"

客户："好，这几款有什么不同吗？"

销售人员："这几款是存在差别的，这一款是今年卖得最火的，它采用的是世界级的制动科技，能够让空调的制冷和制热功能切换自如。这款空调的功能齐全，性能也是最稳定的。"

客户："嗯，这款不错。那这一款呢？"

销售人员："这一款是去年比较畅销的空调，虽然款式不是最新的，但是性价比却是最高的，非常适合居家使用。"

客户："很好，我就想买一台性价比高的空调。这台空调多少钱？"

销售人员："由于性能出众，所以这款空调虽然是旧款但价格还是高于市场上的一般空调的，其售价是 3298 元。"

客户："什么，你刚刚不是说性价比最高吗？为什么现在还卖这么贵？"

销售人员："是的，刚刚我是向您介绍说这台空调是性价比最高的，但是您要相信'一分价钱一分货'，主要是产品的质量和功能特别好，所以，产品的价格才高了一些。"

客户："不行，还是太贵了，我还是再看看吧。"

销售人员："是这样的，这款空调的质量和外观您都满意是吧，就是在价格方面上有些犹豫。现在店里正在做活动，家电商品满 5000 元赠 800 元购物券，您再看看其他的家电有没有您需要的，一起买就能获得 800 元的优惠券呢，这样不是很合适吗？"

客户："是吗，那我看看其他的产品。"

销售人员："好的，那我就先给您开票，帮您定下这一款空调了。"

客户："先定下吧，我再看看别的家电。"

销售人员："好的，我再给您介绍一下。"

就这样，客户听从了销售人员的建议，从拒绝产品的过高价格转变成被动地接受，从而促成了产品的销售。所以，当销售人员听到客户"太贵了"的拒绝语时，不能简单地只是向客户介绍产品定价高的原因，而是要分析客户拒绝的心理，找出其担心价格高的问题所在，以此对症下药，解决客户的顾虑。

产品的销售过程复杂多变，当销售人员遇到这种情况时，应该从以下方面进行应对。

1. 懂得客户的言外之意

客户说价格太高的意思就是希望销售人员给予自己更多的优惠，销售人员要想获得产品的订单，将话说到客户的心里去，就需要懂得客户的言外之意，让客户的真实需求和意愿得到满足和理解。这样，客户才能够在销售的过程中获得满足感，从而愿意花钱购买产品。

2. 强调产品的品质和性能

客户说产品太贵，也有可能是客户对产品的确了解过少，对其价值理解不清楚。所以，销售人员就要解答客户的疑虑，最好的办法就是从产品出发，

143

强调产品的品质和性能，让客户了解到产品的真正价值。如列举产品的知名代言人、拿出权威的质检证明、向客户说明产品的实际销量等。运用这些方面的证据，销售人员证明产品的品质是非常出色的，如果客户购买产品，绝对是物超所值，不会让客户有买亏的感觉。

3.告知客户产品在做活动

销售人员要想留住客户，让客户不会因为产品太贵而离开，就要告知客户产品已经在做活动的事实，让客户感觉到现在已经是产品的优惠价了，其中最重要的是向客户传递"现在买最合适"的信息，从而留住客户的心。

举例来讲，销售人员在这时可以对客户说："我可以向您保证，您现在买这款产品是非常合适的。因为这款产品一般不会做活动，而且即使做活动时也不会和今天一样优惠力度这么大，您现在买是更划算的。"

当销售人员这样说时，客户就会在一定程度上对产品的价格看法发生转变，认为现在购买产品是相当划算的，从而将注意力从产品的价格转向产品的价值，实现产品的购买。

> **小·提示**：客户说"太贵了"，很有可能是在寻求更多的优惠，即认为产品的价格还有下降的空间。这时，销售人员就可以向客户多介绍一些产品的优势，来稀释价格在成交过程中的影响，最终促成交易的达成。

情景测试

情景测试 1：自己使尽浑身解数去向客户推销产品，但是客户从头到尾都表现得非常犹豫，最后，客户告诉自己不需要这件产品，应该如何说？

答案：_____

_____

参考答案：看您听我介绍了半天，应该也是想购买的，是觉得性能、价格不满意，还是其他的原因呢？

情景测试 2：客户不太相信产品的质量，因为自己之前用过，但是效果不明显。应该如何向客户说？

答案：_____

_____

参考答案：不同的产品差距是很大的，您原来购买的产品可能是和您的皮肤不合适，这样，我们店里有一套皮肤检测仪，可以先给您检测一下皮肤，再依据皮肤的状况看您是否适合那款产品。

情景测试 3：客户在同行店里已经看上了一款计算机，来这里是打算比较一下的，如果觉得都差不多，就在同行店里购买。如何给这位意向客户介绍产品？

答案：_____

_____

参考答案：货比三家才不会吃亏，您看的是哪一款计算机啊，看看我们这有没有？我们最近在做促销，同样的质量，价格能省二三百。

情景测试 4：客户对产品表示满意，但是明确提出自己没有决策权，如何先用激将法调起客户的好胜心？

答案：_____

_____

参考答案：这么简单的采购业务您还没有决定权啊？

第10章
峰回路转：从拒绝到成交

在销售过程中，销售人员常常会遇到客户拒绝推销的情况，这时，如果销售人员能够掌握应对客户拒绝的方法，就能够让产品的销售峰回路转，实现从拒绝到成交的转变。

10.1　识别真假拒绝：不需、不信、不适还是不急

在推销产品的过程中，销售人员常常遇到客户的拒绝，如客户说"不需要""不信任""不适合"和"不急着买"等，当销售人员在听到客户这样拒绝时，首先要做的就是识别客户的真假拒绝，判断客户是真的不需要产品，还是以此为借口拒绝推销。

如果销售人员能够判断出客户拒绝的真假，并找出客户拒绝的真正原因及应对的办法，就能够让许多原本没有成交希望的产品变得有望成交，从而提高产品成交的概率，使销售业绩大幅度提高。

刘月月是一家旅行社的前台，她平时就比较关注护肤和化妆。这天，她去逛街，正逢"双12"线下购物节，上海某化妆品专柜推出护肤品打折活动，活动现场的人流量特别大。下面是现场销售人员和客户的对话，从中可以学习这种情况下的销售话术。

销售人员："这位美女，欢迎光临，今天圣诞节，我们店正在做活动，我带您看看这款化妆品。"

刘月月："这个牌子，嗯，没听过啊，而且我现在不需要化妆品，我就随便看看。"

销售人员："那也没关系，您如果有时间就了解一下我们的这款产品，

就当您学习一点美容知识了。我们这款产品在国际上也是数一数二的，不过，我们在产品宣传中比较低调，只有少数人才听过我们的品牌。不过，我可以向您保证，这个牌子的护肤品质量绝对高，而且效果极佳。"

刘月月："是真的吗？我是干性皮肤，这款产品适合我的皮肤吗？"

销售人员："您就放心吧，我们店在下周日要举办一场美容沙龙，很多美妆护肤达人都会参加，介绍护肤秘诀。希望您到时候能过来，以便进一步了解我们的护肤品。"

到了周日，刘月月按照约定的时间参加活动。在美容沙龙上，护肤专家们向大家介绍了许多女性保养、护肤美妆等方面的知识，并且还向她推荐了上次销售人员为她推荐的产品。不仅如此，刘月月还发现，参加沙龙的宾客们个个高雅端庄、皮肤白嫩，一眼看去就是对美容护肤有研究的人。

通过参加这次活动，刘月月不仅学到了很多美容护肤的知识，而且还对销售人员之前推荐的护肤产品有了新的认识和了解，看到了产品的优势。随后，销售人员又向刘月月介绍了产品的用法，还为她提供了一次免费体验的机会。

结果，刘月月就理所当然地成为了化妆品店里的常客，同时，也介绍来了许多好朋友光顾这家店。

从上面的案例中大家可以看出，其实客户在开始拒绝销售人员时只是一种习惯性的拒绝行为，如果销售人员此时放弃和客户交流，客户就很有可能只是看一眼产品就离开。但是，如果销售人员能够看出客户拒绝的真假，判断出客户的真实意图，就能够顺着客户的思路，对其进行引导，进一步确定客户的需求，找出符合客户需求的产品，从而实现产品与客户需求的匹配，完成产品的售卖。

💡 **小提示**：销售人员在面对客户的拒绝时一定要对客户的真实意图做好分析，不能简单直接地就放弃客户或者是寻找其他的客户，销售人员应该记住，客户拒绝一定是有原因的，只有认真分析客户拒绝的原因，才能增加产品销售成功的概率。

10.2 拒绝处理禁忌：放弃或争辩

在销售过程中，销售人员和客户很有可能出现分歧，这时，销售人员作为售卖产品的一方，一定要对客户保持平和的态度，让客户感受到自己的真诚。

因此，销售人员在遇到交谈分歧时，应该选择放弃争论，不与客户争辩，顺着客户的意思说话，这样才能使产品有售卖出去的可能。

陈亮是一家汽车 4S 店的销售人员，周六的上午轮到他值班，一位客户气冲冲地进入店中，在大厅里大吵大嚷，想要找经理理论。这时店里经理不在，只有陈亮一个工作经验较多的工作人员，所以，陈亮就理所当然地要处理这件事情。

客户的情绪非常激动，他嘴中嚷嚷着："退给我订金，我不买那辆车了。"陈亮首先端了杯茶，诚恳地请客户坐下来谈。客户看到陈亮的服务态度还可以，他就和陈亮坐到了客户服务区内。

陈亮并没有和客户争辩，只是向客户说："您先消消气，您有什么事情说出来，如果是我们店里的工作失误，一定会为您尽快解决。"客户听了这话，就像竹筒倒豆子一样将自己的"委屈"说了出来。

原来，客户前两天来店里看中了一辆车，交了订金之后想过几天提车。但是客户昨天上网的时候发现自己看中的那款车竟然做活动降价了，所以就打电话给那天的销售人员，不过那个销售人员的态度比较恶劣，让客户等周一上班的时候再谈。

客户听了销售人员的言辞，就感觉自己买车前后的待遇相差太大，感到很气愤，所以他放下电话就来到店里，来找经理理论。

听到这些，陈亮已经明白了事情的过程，陈亮并未和客户争辩其所说的内容，但是也没有沉默不语，将客户晾在一边。陈亮首先代同事向客户道歉，之后又向客户说明了汽车做活动的原因和情况，还为客户提出了解决办法，承诺为客户赠送两次汽车的免费保养。最后，客户就很满意地离去了。

从上面的销售案例中大家可以看出，销售人员在处理客户拒绝并且有争议的事情时，应该保持自己的谦虚态度，不能和客户争辩。其中，积极解决客户的问题才是处理这类事情的关键。下面是销售人员在处理存在争议情况时的具体应对方法。

1. 虚心接受客户批评

客户向销售人员抱怨或对销售过程不满，一定是因为销售人员在工作中存在不足之处。因此，销售人员必须从思想认识上善意地看待客户的批评意见，并且虚心接受。只有积极正视批评意见，销售人员才会成熟，才能取得更好的业绩。

在与客户交流的过程中，销售人员应该在"妥协"的基础上，进而采取"妥协"的姿态，并且不失礼貌地要求客户提出批评。在批评的过程中，销售人员应该让客户敞开胸怀尽情"倾诉"，而不能中途打断客户的话头，否则客户只会更加冲动。

2. 真诚地向客户道歉

真诚的道歉是解决争议的良药，如果在销售过程中，客户要求销售人员进行解释，销售人员就应该予以解释，而不能单纯辩解。销售人员一定要明白，当自己能及时主动地承担过失时，只要是通情达理的客户，大多不会再抓住不放。而且在销售人员的提示下，客户也会反躬自省，甚至还会反过来向销售人员道歉。

3. 向客户提出解决方法

客户向销售人员进行抗议和争辩，一定是客户遇到了某种问题需要销售人员解决。销售人员在客户的心情平复下来后，要向客户提出某种建议，将其所担心的问题解决清楚，或制订一套客户能够接受的合理办法。客户的问题得以解决，客户的情绪也就会转怒为喜了。

> **小·提示**：销售人员在解决此类问题时需要注意平复好客户的怒气，切记不要与之争辩，否则客户的怒气会越来越大，更加不利于问题的解决。因此，销售人员应该保持谦和的态度，倾听客户的委屈，让客户的情绪得到平复，从而促进产品继续销售。

10.3　直接法："钱不是省出来的呀"

直接法是让客户从拒绝到成交的一种方法，这种方法的最大特点就是直接。销售人员在使用这种方法时，应该表现出"有什么就说什么"的态度，向客户传递"销售人员虽然性格直爽，但是值得信任"的感觉，从而让自己获得客户的信任，最终促成产品的成交。

在使用这种方法时应该明白，这里所说的直接法不是简单地让销售人员说话直接，其核心是让客户明白产品有购买的价值。销售人员所说的一切话都是以此为核心的，这样，才能将话说得有意义、有效果，说到客户的心里去。

黄楠楠是一名商场的销售员，她所在的专柜是一家刚刚入驻的意大利服装品牌，其知名度还不高，但是黄楠楠在销售行业已经工作了三年，拥有丰富的销售经验，她凭借自己的销售能力为专柜带来了丰厚的利润，成功将产品的知名度打了出去，获得了一众客户的好评。

分析黄楠楠的销售过程，其最常使用的方法就是直接法。

黄楠楠："您好，欢迎光临本店，您想买些什么呢？"

客户："我随便看看，听说你们店新开张，产品还挺有特色的。"

黄楠楠："您真有眼光，我们店的主营业务是意大利的品牌服装，服饰风格展现了浓厚的意大利风情，而且周围只有我们一家店，绝对独一无二。"

客户："是吗？我今天只是过来看看。我看这些服装不太适合我穿吧，我就是随便看看。"

黄楠楠："您今天的穿着确实和本店的风格不同，但是您的身材高挑，皮肤又白净，这么有气质，您如果穿上我们店里的衣服绝对会更加亮眼的。"

客户："风格好像不搭，这衣服适合我吗？"

黄楠楠："适合不适合，试一下就知道了，现在您正好没事，就花几分钟试试，看一下穿衣效果吧。"

客户："好的，那我试一下。"

客户："好像换了一个人，我不太习惯，而且我看价格也挺高的，我还是脱下来吧。"

黄楠楠："您再仔细看看，刚刚您都说了，穿上我们店里的衣服就像换了一个人，说明您非常需要这件衣服啊，您长得这么漂亮，如果时常换换创意风格，那么您周围的朋友或家人都会有眼前一亮的感觉，您说是吧？至于价格，您放心好了，我们的服装是国际品牌，在官网上都能查得到，您要是不放心，现在就可以上网查一查，我们的衣服可以向客户保证绝对是品质高、价格合理。最重要的是您穿着漂亮，况且钱也不是省出来的，您每天上班不就是为了得到更好的生活，不是吗？"

客户听黄楠楠这么说，感觉她说的最后一句非常有道理，当即决定自己不应该为了省钱而失去对生活的乐趣，所以决定买下这款大衣奖赏自己。

在上面的销售场景中，销售人员面对客户的拒绝，采用直接的方法也是特别有效的，简单直接地告诉客户"钱不是省出来的"，向客户传达一种"挣钱也是为了花钱，省钱也不能省去一切消费"的消费理念，这样产品的销售就会顺利很多。

> **小提示**：在使用直接法时，销售人员要注意自己的态度和语气，不能将直接法简单地看成说话直爽。在销售的过程中出现不尊重客户、当面指出客户错误和缺陷的行为，都会导致产品销售失败，丢失客户。所以，销售人员在使用这种方法时，要遵循一定的规则，让客户既不反感又对销售人员产生信任。

10.4　转移处理法："您这样的老板都没钱谁还有钱呢"

转移处理法是一种非常有效的方法，这种方法的核心就是不直接处理，而是将问题转移到客户的身上，让客户自己去想解决的办法。

在销售过程中，这一方法是指销售人员对客户说一些类似："您这样的老板都没钱谁还有钱呢"的话，让客户思考，形成"我看起来这么有钱，销售人员都说了这样的话了，我应该购买一些产品来证实这一说法"的想法，从而促成产品的销售。

在销售过程中，客户拒绝的情况很常见，有时客户也不知道自己拒绝购买产品的具体理由。这时，销售人员对客户询问一下犹豫的原因，之后再为其找一个购买的理由，就会让客户产生一种"买也可以"的想法，改变拒绝购买产品的态度。

销售人员邱雪琪在应对客户拒绝时就常使用转移处理的方法，当大部分客户对其以"自己没有钱"为借口进行拒绝时，邱雪琪就会对客户说："您说笑了，您这样的老板都没钱谁还有钱呢，您就快买吧。"这时，客户往往不会拒绝邱雪琪的说辞，而是顺着销售人员的话题继续谈论产品。

通常，如果客户接受了销售人员的赞美，其产品成交的概率就会大大增加。所以，销售人员在与客户对话的过程中可以多对客户表示赞美和夸耀。这样，产品售出的概率会提高很多。

在使用转移处理法时，销售人员应该注意以下两点。

1. 将处理权交给客户

客户拒绝购买产品的原因有很多，但是为了促成产品的销售，销售人员要对客户拒绝的原因有所了解。在这一基础之上，销售人员的最好做法是将处理权交给客户，自己只是为客户提出建议。

销售人员这样做能够让客户从中获得尊重，让客户在心理上获得认同感。如果这一方法运用得当，客户很有可能会购买产品。

2. 用产品品质打消客户疑虑

客户拒绝购买产品一定是对产品存在疑虑，销售人员在解答客户的问题时，最重要的是从产品出发，从不同方面对产品进行介绍和展示。如列举产品的知名代言人、拿出权威的质检证明、向用户说明产品的实际销量等，运用这些方面的证据来证明产品的品质是非常出色的，打消客户的疑虑，转变客户的心意。

小提示：销售人员在使用这一方法时，最重要的是抓准方法中的"转移"二字，将是否购买产品的决定权交给客户，让客户从中获得满足感和尊重，从而转变拒绝推销的态度，主动询问产品的信息。

10.5 代价法："现在省了几万元以后可能损失几千万元呢"

代价法也是销售人员应对客户拒绝的一种有效方法，这种方法是指销售人员对客户说明不购买该产品的弊端，让客户在心理上形成一种不买产品就要付出代价的想法，从而促使客户不得不重视产品，进而完成产品的销售。

这种方法常常用在一些心理比较薄弱的客户身上，这类客户的典型特征是他们对自己得到的东西不太关注，但是对于失去的东西常常感到害怕。因此，当销售人员向他们说明如果不购买该产品就会有很大的损失时，客户就会在心理上产生非常大的压力，这些压力就会使客户购买该产品。

江苏省一家刚刚创办的企业想要租用一个企业邮箱，由于企业邮箱不仅仅可以提升企业的形象，还可以减少很多垃圾邮件的骚扰，所以这家企业非常关注邮箱的使用。

原本，这位客户为了节约成本，打算租用一个最便宜的邮箱，坚决拒绝使用贵的邮箱，但在最后却挑选了一个最贵的。原因是销售人员使用代价法说服了客户。下面是这个销售人员的推销方式。

销售人员："客户，您好，我们公司为您提供的企业邮箱有三种，分别是一级邮箱、二级邮箱和三级邮箱，其中一级邮箱是最好的邮箱，非常符合您的要求。"

客户："一级邮箱虽然是最好的，但是也是最贵的，它的价格实在是太贵了！"

销售人员："客户，我问您一下，您现在每天收到的垃圾邮件有多少？"

客户："少说也有四五十封，真不知道他们是怎么知道邮箱的，现在隐私的保护措施实在是太差了！"

销售人员："那您如何处理这些垃圾邮件的呢？"

客户："一个一个看呗，因为其中有些邮件是非常重要的，如果错过就会损失很大一笔生意。所以，还是要将邮件一一打开，至少会对邮箱的标题进行查看。"

销售人员："这样的话，每天查看这些邮件会占用您很多时间吧？"

客户："是啊，有一次我一星期没看邮件，邮箱就被邮件填满了！我就一个一个看，花费了我一个下午的时间。又有一次邮箱被占满，我索性不看了，结果却因为没有及时看到邮件，损失了一大笔生意。"

销售人员："那真的是一段糟糕的经历。我和您说实话，其实虽然三级邮箱也能够使用，但是它的性能不太稳定，而一级邮箱无论是从功能还是稳定性都相当出色。您如果选择三级邮箱，虽然现在省了几万元，可是当邮箱出了问题之后，可能会损失您几千万元的生意呢！所以，我建议您还是选择一级邮箱，您说呢？"

客户听到销售人员这么说，最终权衡了利弊，听从了销售人员的建议，租用了企业的一级邮箱。

从上面的销售对话中大家可以看到，如果客户对产品开始是拒绝的，代价法也是一种非常好的解决方法，让客户产生一种自己不购买产品就会付出一定代价的感觉，进而让客户在潜意识中形成了"自己不买就吃亏"的想法，从而顺利地促成产品的交易。

因此，销售人员在应对客户拒绝时，可以适当使用这种方法，用要付出代价对客户形成一定的压力，从而让产品得以顺利地销售。

> **小·提示：** 代价法的核心是让客户对产品产生一种补偿心理，如果客户不购买产品，客户就会面临一定的损失和代价，这就给客户在心理上造成一定的压力，促使客户完成产品的购买。

10.6　请教法："能否请教您有哪里不满吗"

请教法是一种以请教的方式说服客户改变心意的方法。销售人员在应对客户拒绝自己或产品时，可以用提问请教的方式向客户提出问题，让客户产生一种自己被尊重、被重视的感觉。

如销售人员在应对客户拒绝自己时，可以对客户说："我知道我们的产品可能没有那么完美，但是能否请教您有哪里不满意的吗？"之后配合自己谦虚的求教态度，客户就会暂时放下对产品或销售人员的不满，解答销售人员提出的问题。

这种方法奏效的原因是人们通常都喜欢好为人师的感觉，常常会对向自己请教的人产生好感，所以当销售人员在面对客户拒绝的情况下，就可以使用求教法，先谦虚、有礼貌地向客户询问一下他们对产品的感受，之后再根据客户的反应做接下来的产品销售。

如果客户对产品有意，他们就会顺着销售人员的提问对产品进行进一步的了解；如果客户对产品无意，他们也不会断然拒绝。

另外，这种请教法的方式还适用于一些比较固执的客户。这类客户通常对产品不太感兴趣，无论产品有多好，销售人员为他们提供的服务有多周到，客户也不会表现出一点想购买的意愿，常常将销售人员拒之门外。

因此，销售人员在应对这类客户时，就衍生了求教法的应对方式。销售人员用"求教"的方式向客户提出问题，利用客户好为人师的心理来吸引客户的注意力，效果非常明显。通常，当销售人员向客户虚心求教时，客户会很难拒绝。通过销售人员向客户提问，客户向销售人员讲解的过程，双方的距离不断拉近，最后就会惠及产品的销售过程。

日本保险界的销售冠军原一平在拜访客户时就曾使用过求教法来应对客户对自己的拒绝。原一平在拜访一家客户公司的老板时，经过很多次电话邀请和拜访都没有拿下这位固执的用户，最终他使用了请教法来应对客户的拒绝，成功谈成了保险订单。

原一平："先生，您好！可以打扰一下吗？"

客户："你是哪位？"

原一平："我是保险公司的员工原一平，今天初来贵地，有一些问题想请教您这位远近闻名的老板。"

客户："什么？远近闻名？"

原一平："是啊，据我了解，大家都说您在这方面见识广博。"

客户："哦，大家是这么说的？真不敢当，到底什么问题呢！"

原一平："实不相瞒，是……"

客户："在这儿不方便，请进来说吧！"

就这样，原一平通过赞美客户和向客户请教问题的方式成功引起了客户的注意，客户对其原来拒绝的态度也发生了转变，原一平也因此获得了客户的信任和好感。

上面的案例表明，请教法在解决客户拒绝时非常有效果。销售人员应该本着谦虚求教的态度向客户请教，从而让客户感到销售人员的诚意，进而让客户愿意改变原来拒绝的意愿，给产品和销售人员一个机会，从而促成产品的售卖。

> **小提示**：销售人员在使用这一方法时要注意自己的态度，一定要表现出谦虚和真诚。否则，客户很可能会识破销售人员的销售套路，使产品销售失败。

10.7 间接否定法：用第三人的成功案例说服

间接否定法也是一种让客户从拒绝到成交转变的有效方法，销售人员在使用这一方法时不会直接地说服客户，而是常常利用第三人来影响客户的行为。如利用第三人的成功案例进行说服或利用第三人的语言和行为影响客户判断等。

销售人员使用这种方法能够让客户比较容易接受推销，也能够让客户改变原有的拒绝态度，让产品更快地销售出去。

刘聪是一家银行的销售客服，他的主要业务是推销一些理财产品。有一次，他发现一名老客户支取了一笔30万元的储蓄存单，想要将这笔大额资金存储到别的银行中，于是刘聪马上打电话和客户进行了沟通。

在沟通过程中，客户对刘聪说自己的钱放在银行获得的利息非常有限，想要将钱拿出来去别处理财。刘聪听懂了客户的意思，客户是抱怨存款的利息相对较少，希望通过这笔钱来获得更多的投资回报。

于是，刘聪针对这位客户的情况抽出工作时间编辑了一封电子邮件，在内容上对理财基金知识进行了详细全面的讲解，并且向客户告知了一个其他客户在自己公司理财的成功案例，间接地否定了客户转移存款的想法。

在这封电子邮件中，刘聪以第三人的成功案例为主要的说明对象，从这位客户的资金运作、理财方式等多方面入手，对其理财收益有详细的介绍和描述。看到刘聪如此用心为自己考虑，这位老客户十分感动，于是决定不转移财产，就在刘聪所在的这家银行进行理财。可是由于自己心中十分没有安全感，所以需要购买一套风险极低又能够获取一定利益的理财产品，老客户将自己的这种想法告知了刘聪。

当天晚上，刘聪针对这位老客户的需求，设计出了一套十分合理的理财方案，并且在第二天客户的空余时间内打电话给客户，询问客户对自己的这套理财方案是否满意以及有什么意见。结果，这位客户不仅认可了刘聪的理财方案，还从别的银行转来了一笔钱，交由刘聪进行打理。

刘聪之所以能够成交一份这么大的订单，主要原因就是他从客户的角度出发，揣摩了客户的真实意图，并且他还运用了第三人的成功案例，向客户间接证明了自己公司在理财方面的能力。他从客户的利益出发，为客户分析了基金数据，设定了购买基金的方案，让客户真实感受到刘聪确实是为自己的利益着想，所以客户才会对刘聪产生信赖感，将钱放心地交给刘聪，让其代为理财和投资。

这就是销售人员使用第三人成功案例来说服客户的间接否定法，让客户从其他人的做法中否定自己原来不购买产品的想法，从而顺利实现产品的销售。

从上面的案例中，大家看到了第三人成功案例在销售过程中起到的重要作用。因此，销售人员要想顺利地获得产品订单，就要重视客户之外的第三人，即除了销售人员直接面对的客户，客户身边的人也很重要。

在实际的销售场景中，销售人员很有可能在客户的办公室发现有其他人，这些人看似与自己的销售不相干，但其实这些第三人会发挥非常大的作用。如果销售人员专注与客户谈生意，忽视这些人的存在，就很有可能会损失一些销售机会。

有时，那些销售人员认为不相干的人在离开时，向客户说了几句对销售不利的话，销售人员的产品销售订单就很可能泡汤；相反，如果销售人员能够兼顾到客户身边的人，让这些人为自己说好话，这将非常有利于将产品销售出去。因此，销售人员应该特别重视这些第三人对客户的影响力。

面对客户的拒绝，销售人员可以寻找客户身边对其最有影响力的人，让这些人对客户进行说服。销售人员说服了他们，客户那里就不攻自破，销售订单就自然而然地完成了。

举例来讲，当销售人员去拜访客户时，客户的办公室里有小孩子在玩耍，销售人员就可以与小孩子一起玩，利用小孩子的影响力来改变客户拒绝的意愿。如果销售人员能够和这个小孩子玩得很开心，客户的心情也会变得很好，其所销售的产品就能够在很大程度上得到顺利售卖。

总之，销售人员在面对客户的拒绝时可以使用这种间接否定法，借助第三人的影响力来改变客户的心意，从而实现产品的售卖。

小·提示：销售人员在使用间接否定法时要注意第三人的选择，最好选择对客户影响最大的第三人，这样才能尽快使客户拒绝的心意得到改变，顺利让客户购买产品。

情景测试

情景测试 1：这个品牌的产品从来没听过啊，而且我现在不需要化妆品，我就随便看看。销售人员应该如何回应？

答案：＿＿＿＿＿＿＿＿＿＿＿＿＿＿＿＿＿＿＿＿＿＿＿＿＿

＿＿＿＿＿＿＿＿＿＿＿＿＿＿＿＿＿＿＿＿＿＿＿＿＿＿＿＿＿

参考答案：那也没关系，您如果有时间就了解一下我们这一款产品，就当您学习一点美容知识了。

情景测试 2：李先生订了一款产品，现在后悔了，想要退回订金，并且情绪比较激动。销售员应该如何处理？

答案：＿＿＿＿＿＿＿＿＿＿＿＿＿＿＿＿＿＿＿＿＿＿＿＿＿

＿＿＿＿＿＿＿＿＿＿＿＿＿＿＿＿＿＿＿＿＿＿＿＿＿＿＿＿＿

参考答案：李先生，今天来订这款产品的客户比较多，咱们去会议室聊一下吧。

情景测试 3：客户试了衣服后，对质量比较满意，但是觉得超出了自己的预算，比较犹豫。如何向客户说？

答案：＿＿＿＿＿＿＿＿＿＿＿＿＿＿＿＿＿＿＿＿＿＿＿＿＿

＿＿＿＿＿＿＿＿＿＿＿＿＿＿＿＿＿＿＿＿＿＿＿＿＿＿＿＿＿

参考答案：刚刚您都说了，穿上我们店里的衣服就像换了一个人，说明您非常需要这件衣服啊，您长得这么漂亮，如果时常换换创意风格，那么您周围的朋友或家人都会有眼前一亮的感觉，您说是吧！

情景测试 4：客户比较低调，觉得用高档的产品也是另一种浪费，如何用假处理法去处理？

答案：＿＿＿＿＿＿＿＿＿＿＿＿＿＿＿＿＿＿＿＿＿＿＿＿＿

＿＿＿＿＿＿＿＿＿＿＿＿＿＿＿＿＿＿＿＿＿＿＿＿＿＿＿＿＿

参考答案：您这样的老板都没钱谁还有钱呢，来我们这儿购买产品的多数都是为了省心，好产品不容易坏，比较耐用。

第 11 章
临门一脚：最后关头不卡壳

在销售过程中，客户常常在最后关头犹豫不决，他们都已经了解清楚产品的质量和价格，"买还是不买"这中间的过程就欠缺一个助力。这时，销售人员如果能够为客户提供一个"非卖不可"的理由，客户就会痛快地掏钱购买产品。本章介绍如何让销售的最后关头不卡壳，踢好临门一脚的相关知识。

11.1 优惠法：最低折扣

优惠法是销售人员经常使用的一种方法，利用告知客户他这次购买产品享受的是"最低折扣"的方法，使客户产生一种"不买就吃亏"的想法，从而不再犹豫，痛快下单。

这种方法的核心是让客户对产品的价格感到非常满意，利用最具竞争力的价格来打动准客户的心，以此来促成产品的快速成交。

周旭是一家化妆品专柜的销售人员，在解决客户犹豫不决、不能尽快下决定的问题上，她有着丰富的经验。

周旭："欢迎光临本店，请问您有什么需要？"

客户："我看上了你们店里的一款精华，问一下，这款精华有抗皱功效吗？"

周旭："是的，这款精华的抗皱功能非常强大，一周之后，您的脸部皮肤就会得到明显改善。"

客户："效果真的这么好吗？"

周旭："当然了，我们店里的产品都是经过权威机构严格验证过的，质量和效果都有保证。"

客户："这样啊，我看这款精华的价格挺贵的，能打折扣吗？"

周旭："您现在确定喜欢这款精华吗？如果您确实喜欢，我可以帮您向经理问一下，能否给您打个折扣。"

客户："我是真的喜欢，不然我就不会问这么多啦。"

周旭："好的，那我帮您问一下经理，其实我们店里做活动的次数不多，但是看您真的想要买这款产品，我就去帮您问一下。"

客户："那先谢谢你了。"

周旭："客户，您真是很幸运，因为我们经理今天家里有喜事，经理非常高兴，所以，经理说可以给您7.5折的优惠。这可是我们店里的最高优惠了，原来都没有这样的好事情。"

客户："好的，那我现在就下单。谢谢你啊。"

周旭："不用客气，希望您购物愉快。"

结果，客户十分痛快地签下购买订单，周旭顺利完成了这笔交易。

从上面的销售场景中，大家可以看出优惠法的功效，在日常销售过程中，大家可以参考上面的案例，帮助客户尽早下决定买下产品。

其实，销售人员在使用优惠法时也需要注意一些问题，如应该挑选恰当的时机提出。如果客户对产品的价格不存在异议，而是单纯地认为产品不能完全满足自己的需求，这时，销售人员就不要主动提出给予客户价格上的优惠，以免客户对产品的质量和店铺的诚意产生怀疑，不能充分信任销售人员，导致快要成交的生意白白错失。

因此，销售人员在使用优惠法时需要对客户所面临的实际情况进行分析和掌握，在判断价格是客户犹豫的主要原因时，就适当地提醒此次购买产品的价格是店内的最低价，用优惠的价格打动客户，让客户顺利完成产品的购买。

> **小·提示**：销售人员在使用优惠法时应该根据销售的实际情况，判断是否对客户使用这一方法，避免客户因为价格浮动对产品的质量产生怀疑，导致产品出售的失败。

11.2 涨价法：早买早优惠、即将涨价

涨价法也是销售人员踢好临门一脚的有效方法，这种方法借助客户购买产品的求利心理，通过告知客户"早买早优惠、即将涨价"的方法，让客户改变犹豫的态度，顺利实现产品的售卖。

在销售过程中，客户对产品的实际购买意愿和需求的强烈程度是非常重要的，销售人员通常根据这些来判断产品的售卖是否适用涨价法。如果客户对产品有比较迫切的需求，但对价格有些犹豫，销售人员就可以对客户说"产品即将涨价，现在买就是最实惠的价格"之类的话，让客户产生价格"降无可降"的认知，从而实现产品的顺利下单。

下面是一个涨价法的适用销售场景。

2016年夏季，南方持续普降暴雨，水患严重，导致安徽、湖南、江苏等茶叶主产区受到了不同程度的水灾。暴雨还导致茶农采茶和制茶时间延后。按照往年惯例，9月底秋茶即可陆续上市，这年可能要推迟。

在自然灾害导致茶叶产量可能下降、供应量可能减少的大环境下，茶叶价格也很有可能走高，所以茶叶经销商纷纷提前交订金，以免茶叶货源受影响。这一系列的连锁反应显示出商品的价格是受多重因素影响的。尽管大幅度涨价的声音并不高，经销商还是提前做好了准备。

以此为背景，茶叶的销售人员就可以使用涨价法对客户进行说服，告知客户现在不买茶叶就会涨价，客户在此背景下，就会产生一种压力感，从而会放下心中的犹豫，下决心购买产品。

与上面茶叶的销售方法类似，旅游业的业务也经常会使用涨价法来促成产品的售卖。每年距离春节还有3个多月，旅行社就开始接受春节期间的出境游报名了。有的客户会在心里犹豫，现在就预订，是不是有点太早？这时，就需要销售人员对客户使用涨价法来促使客户放下心中的犹豫，从而实现旅游产品的售卖。

北京朝阳区一家国际旅行社负责出境游线路的汪经理就对抱有犹豫态度的客户说："根据往年情况，春节期间，会有许多游客选择出境游，因为部分旅游热门线路比较抢手，而且可能相关手续也比较复杂，需要尽早预订。

为鼓励游客及早预订，我们旅行社还特别推出了'预订就送大礼包'的优惠活动。总体来说，打算春节期间出境游的顾客，越早打算越划算。而且，受机票涨幅等因素的影响，有可能临时报名参加旅行的游客会多交团费。所以，旅行社方面还是鼓励大家早买早便宜。"

在消除游客的犹豫时，旅行社使用了涨价法，鼓励游客提早预订出境游路线。这样一方面方便旅行社根据游客报名情况尽早安排相关手续，另一方面，游客也能够获得更好更完善的旅游服务。

从上面的两则案例中大家可以看到，客户在面对产品涨价时很有可能会产生压力。如果销售人员在客户犹豫时告知其产品"如果早买就有优惠，现在不买就即将涨价"的情况，客户就会在一定程度上愿意立即购买产品，从而实现产品的售卖。

> **小·提示**：销售人员在使用涨价法时首先要判断客户对产品的购买意愿是否强烈，如果客户非常想买产品，涨价法就会发挥显著的效果，反之，客户就可能不在意产品是否涨价，还是会犹豫不定。所以，销售人员在使用这种方法时要结合当时的实际场景和客户反应来具体应用，从而使这一方法发挥最大的效果。

11.3 礼品法：下单有礼品相送

礼品法也是促成客户快速购买的一种有效方法，销售人员告知客户下单有礼品相送，客户的注意力就会被礼品吸引过去，也就间接默认了自己即将购买产品。这种方法对一些喜欢"占便宜"的客户特别有效，销售人员在销售过程中，可以适当地使用这一方法。

秋季到来，天气逐渐转凉，空气也越来越干燥，容易出现皮肤干裂、喉咙干肿等症状，所以，家中置备一台加湿器是十分重要的。为此，趁"双11"大促销活动，北京的王女士在京东商城购买了一台智能加湿器，产品在销售时承诺"下单就有好礼"，没想到这件产品的活动是"买一赠一"，买什么就送什么，竟然相当于五折的产品优惠，这让王女士感到开心。在与电商客服的交流过程中，她得知这样的优惠活动，一改往常犹豫不决的态度，痛快地就下了产品的订单，还和客服人员说这样送礼品的方式非常受她欢迎。

其实，这种买东西有赠品的产品销售方式在销售过程中很常见，如比较经典的"买一送一""买五赠二"等，而且"买一送一"的促销活动不一定指的是买商品赠原样商品，也可以是买一件羽绒服赠一瓶羽绒服洗液等类似的促销活动。这种方法会使销售活动更加受到客户的欢迎，不仅直接避开了打折降价，还能够刺激消费者重复购买，提高客单价。总体来说，礼品法的使用对产品的销售有以下三点好处。

1. 满足客户的求利心理

买产品送礼品的方式满足了客户的求利心理，因为大多数客户在购买产品时都希望花最少的钱买更多的产品，所以，这种礼品法在销售过程中是非常有效的。销售人员在面临客户的犹豫时，可以采用这种方法来满足客户的求利心理，从而促成产品的最后销售。

2. 拓展产品的营销渠道

促销活动不是孤立存在的，事实上，商家通常会将促销活动组合应用，这种"下单有礼品相送"活动的另一个好处就是拓展了产品营销渠道。将主题商品与赠品联系起来，同时，即使赠品在细分行业内处于领先优势，企业也不一定会加大投入单独宣传，而这种方式正好成为赠品最有利的曝光机会。例如，某些大型集团，旗下产品线非常多，如果分别单一宣传那将产生一笔不小的广告费用。如果将集团的品牌作为一个整体宣传，那消费者会认为该集团是品质和实力的代表，旗下所有产品当然也会获得消费者青睐。

3. 加速客户购买产品的步伐

礼品能够在一定程度上抵消产品价格的昂贵感，让客户感受到商家的诚意。销售人员如果能够挑选出合适的赠品，就能够让客户对产品的价格重新定义，从而顺利地掏钱购买产品。所以，使用礼品法的又一大好处就是能够加速客户购买产品的步伐，将产品顺利地销售出去。

总之，客户购买环节的最后一环出现犹豫不决的态度时，销售人员就可以采用礼品法来增加产品的总价值，让客户感受到销售人员的诚意，从而顺利地购买相关的产品。

> **小·提示**：虽然这种方法的效果显著，但是也会出现消费者对所赠实物或惠赠礼品不满意、要求调换或折现等现象。如果销售人员无法满足客户的要求，消费者就有可能转身离开。所以，销售人员要对礼品的品质做严格的要求，以满足客户的需要。

11.4 活动法：国庆狂欢、六折大促

在销售的最后环节，销售人员使用活动法也是踢好临门一脚的有效方法。客户常常希望在购买产品时获得优惠，所以，当销售人员告知客户"正逢国庆，店里做'国庆狂欢'活动"或者是"店庆三周年，六折大促"的活动时，客户就会产生"来得正好，有优惠"的心理，此时，销售人员在旁边对客户再介绍产品的价格优势，就会让客户更加顺利地购买产品。

王小宝是一家商场服饰专柜的销售人员，她在应对客户犹豫不决时，常常会使用活动法来促成客户快速购买产品。

王小宝："您好，请问您想买些什么呢？"

客户："我随便看看，你们店里有新上的衣服吗？"

王小宝："您来得正好，昨天刚刚到两款初春装新款。正赶上店里周年庆还在做活动，您过来看看。"

客户："好，就是这两款吗？看着还可以。"

王小宝："是的，就是这两款，听店长说这是意大利著名设计师设计的。"

客户："是吗，拿下来我试一下。"

王小宝："好的，您等一下。"

客户："穿着还好，就是价格有些贵啊。"

王小宝："您穿这件衣服真显气质，把您的好身材都展现出来了。"

客户："衣服确实好，这价钱，一件衣服 15000 元，有些贵了，我还是再看看吧。"

王小宝："这您就有所不知了，刚才我对您说这件衣服是著名设计师设计的，其实这个款式是限量发行的，我们店里只拿到了这两件，在咱们这一区是独一无二的。如果您现在不买，也许等到下午，这件衣服就卖完了啊。而且现在店里做活动，价格已经是非常实惠了，这是国庆狂欢价，给您六折大促的优惠，而且活动就做七天，七天过后，产品的价格还要调回原价的，所以，您现在买是最合适的。"

客户："真的就这两件吗？"

王小宝："当然了，况且这件衣服您穿着非常漂亮，就现在买下吧。"

客户："好吧，帮我包起来。"

从上面的销售场景中看，大家可以发现当销售人员说"店内做活动，产品促销价"的话语时，客户对产品的购买欲就提升了很多，销售人员再次强调产品的质量优势以及价格优势时，客户就很容易快速地决定购买产品。

因此，在销售的最后环节，销售人员可以适时使用活动法，告知客户店内做活动，价格有优惠，创造一种"机不可失，时不再来"的购买氛围，这样，客户就容易下决心立刻购买产品，销售人员也可顺利完成产品的销售任务。

> **小·提示：**活动法虽然有效，但是不能常用，如果一家店中频频做活动，打折出售产品，就会给客户形成一种"现在不买，等以后活动再买，反正活动经常有"的购物心理，这就失去了促进产品销售的作用。

11.5　现货法：库存不足、最后一件

销售过程中，销售人员也常常使用现货法来打消客户的犹豫，告知客户"产品库存不足"或者是"最后一件"之类的消息，从而让客户不再犹豫，实现产品的顺利销售。

在大家的日常生活中常常见到这样的现象：如果所做的事情有最后期限，那么大家就会感到有一种压力促使我们迅速采取行动；如果没有最后期限的要求，那么我们很可能会一再拖延。

同样的道理，客户在购买产品时，如果销售人员告知客户产品已经到了促销的最后期限，那么客户会很快从犹豫转向果断。这样就会大大缩短销售

的过程，也会使交易更快达成。

以淘宝销售为例，淘宝卖家都会特别重视限时促销，经常在一些特殊节日里举办限时促销活动，比如春节、情人节、"双 11""双 12"等。而且，他们不会将促销的时间定得很长，一般为 1~3 天，以便对客户形成一种"活动期间不买就吃亏"的心理暗示。

在客户产生"买还是不买"的想法时，销售人员就要抓住机会，使用这样的话来"催单"："我觉得您现在买是最划算的，我们店里促销的时间就是昨天和今天两天，而且现货只有 50 件了，您如果错过了这次机会后就需要再等半个月，所以您最好是现在就下单。"

销售人员这样说就为客户下单提供了一个充分的理由：促销时间即将结束，库存不足，如果现在不买，以后还要等很久才有货。当大部分客户听到销售人员这样说时，都会立即采取行动，完成产品的购买。

其实，销售人员使用现货法的核心就是心理学中的稀缺效应，这一效应是指人们对世界上稀少的事物普遍怀有强烈的拥有欲望，东西越稀少，自己想获得的欲望就越强烈。所以，客户在购买产品时，他们会被稀少的产品或服务激起强烈的购买欲。

因此，商品在促销时，厂家经常以"一次性甩卖"或者"限量特价"等名义吸引顾客，使顾客提高购买行为。因为机会只有一次，错过了就再也买不到了。例如，汽车厂商会举办购车摇号活动，因为名额有限，客户便会趋之若鹜，并以拥有珍稀品为荣耀。又如画家的画之所以名贵是因为只有一幅，即使赝品模仿得很像也不值钱。

但是，需要提醒销售人员的是，现货法的应用需具备一定的条件，即产品有稀缺性、排他性、难以复制性、不可替代性的特征。如果产品满足了某一个方面的要求，销售人员就可以提取产品的稀缺特质对客户加以描述，从而让客户产生危机感，引导他们尽快完成产品的购买。

但是如果所售的产品不具备稀缺性，那么销售人员就只能从产品的材料、质量、服务、价格等基本属性入手了。在这一过程中，销售人员一定要抓住消费者最看重的属性，客观而有技巧地进行阐述，表现出产品的差异化条件。

举些简单的例子，如法国的依云矿泉水到了中国就很稀缺，美国的好莱坞大片在中国电影院里也很稀缺，中国的水墨画在世界艺术博物馆极为稀缺。所以，销售人员应该对一些很平常的商品的属性和价值进行详细的了解，找到其特性。这样，销售人员才能使现货法更就加有效，实现产品的顺利售卖。

> **小·提示**：销售人员在使用现货法时应该充分发挥敏锐的市场洞察力，为自己的产品找到稀缺的市场。即使产品并不稀缺，销售人员也要给产品找对市场，具备将其变成稀缺产品的能力，这样客户才会痛快地下单。

11.6　开票法：在提问的同时填写发票信息

开票法是指销售人员在看到客户犹豫的时候直接做出开票的动作，告知处于犹豫状态的客户"已经开好票了"，让客户去付钱就可以了。这种情况下，客户就很可能会因为销售人员的先人一步而按照其要求去做。

下面是一个使用开票法的具体案例。

销售人员："您好，欢迎光临，请问您是要选购化妆品吗？"

客户："嗯，今天有时间，过来看看护肤品，你们这儿有好用的洗面奶吗？"

销售人员："有的，这款洗面奶非常好用，泡沫少，净肤效果特别好，而且安全无刺激，适合各种肤质。您看这款怎么样？"

客户："还行，还有别的吗？"

销售人员："还有这一款，和上一款差不多，但是它净肤的同时加强了保湿效果，更加多效，这款您看怎么样？"

客户："这个比那个好，可是我还想再看一看。"

销售人员："那我给您介绍一下这套化妆品，这是一组套装，包括洗面奶、保湿水、润肤乳和精华。这里面的洗面奶效果显著，还有祛痘功能，您喜欢吗？现在套装做活动，买一套还送五贴面膜，您现在买最合适了。"

客户："你这么一说，我好像是应该买一套护肤品啊，这样划算很多。"

销售人员："当然了，您现在买特别划算，这套化妆品包含了所有的护肤功能，其功效和质量都是行业中最顶尖的。"

客户："话是这么说，我还要再看看，考虑考虑。"

销售人员："您就别考虑了，活动截至今天下午。我现在就给您开票，您只需要拿着票去付款就好了。"

销售人员说完话后观察客户的反应，他发现客户并没有反对，就将票交给了客户，客户自然就去付款了。

其实，这类客户在购物时常常会犹豫，他们可能不善于做决定或过于谨慎。为了促成产品的成交，销售人员就需要帮这类客户做出决定，在某种程度上让客户产生一定的压力，直接推着客户去交款，从而促成产品的销售。

需要提醒大家的是，销售人员在对客户使用开票法时需要注意，要根据客户的反应来开展。当客户听到销售人员说开票时，客户没有反对，销售人员就可以顺水推舟将票交给客户；如果客户反对开票，销售人员就要再次对客户进行说服，让客户对产品有更深入的了解之后，再对客户进行产品的销售。

> **小·提示**：销售人员在使用开票法时的核心要素是让客户产生一定的压力，顺着销售人员的思路思考和行动下去，从而使产品顺利销售。

11.7　欲擒故纵法："已经赔本卖了，要不您去别家看看"

在销售过程中，销售人员也可以采用欲擒故纵法，用这种方法激起客户的好奇心和争胜心理，使客户主动降低姿态，购买产品。

在使用这种方法时，其核心是让客户觉得产品是非常有竞争力的，并且不担心和别的产品进行比较，从而让客户对产品产生一种安全感，促成产品的购买。

下面是一个比较常见的欲擒故纵法的销售场景。

销售人员："您好，请问您是想买电冰箱吗？"

客户："是的，今天过来看看。"

销售人员："那我为您介绍一下吧。"

客户："好，我想要一款价格适中、质量好一些的冰箱，你们这儿有吗？"

销售人员："当然有，您请这边看，这款是我们商场性价比最高的冰箱，其质量经过权威机构检验，价格也相当合理。"

客户："我看质量还可以，功能也齐全，就是价格有些高，还能把价格降一些吗？"

销售人员："价格不能再降了，这已经是最优惠的价格，因为只剩这两台，所以可以说是在赔本卖了，要不您去别家看看？"

听到销售人员这样说，客户就感觉这款冰箱的质量和价格应该是经得起比较的，所以，应该可以信赖。之后，他又对销售人员问道："产品的售后有保证吗？"

这时，销售人员就已经得知客户有了购买意愿。最终，客户顺利下单，完成了产品的购买。

从上面的案例中，大家就能够看出，"欲擒故纵"的方法本质上就是一种心理战术。只要销售人员抓住了顾客的心理，也就抓住了商品销售的机会。不过，在采用这种欲擒故纵的方法时，销售人员还要注意以下几点，才能保证客户对自己的产品有信心，促成交易。

1.掌握好欲擒故纵节奏

销售人员在采用欲擒故纵的方法时，一定要把握好程度和节奏，懂得适可而止。因为销售人员一旦决定"纵"，对客户来说就是一种威胁，即"如果你不与我交易，我就要走了"。

这时，客户如果表现出要改变决定的意思，销售人员就要见好就收，重新和客户商谈订单的事项。在之后的谈判中，销售人员还可以适时做出一些让步，给顾客一些优惠。这样，就能够让顾客爽快地签订订单，促成交易。

2.明确客户真实意图

在使用欲擒故纵法的过程中，需要对顾客的真实意图进行确定。对那些对产品没有兴趣或需求不明显的顾客，如果销售人员采用欲擒故纵法，反而会使顾客真的离开，白白丢失一个客户。而对于那些对产品确实有需要的客户，销售人员就可以采用这一方法了。通常，这类顾客会对产品进行诸多挑剔，并且还会和销售人员讨价还价，这时，销售人员就可以采取这种以退为进的方法，套住顾客的心。

3. 巧妙运用"冷淡"态度

有时，销售人员表现出"冷淡"的态度也会留住顾客的心。在某种程度上，如果顾客受到销售人员的冷漠待遇，就会产生患得患失的感受。他们会认为，与那些热情的天天追着他们的销售人员相比，这个销售人员的产品的质量和价格都有优势，因为好的产品通常是不急于推销的。

所以，在使用欲擒故纵的方法时，销售人员可以适当地对客户冷淡一些，给他们形成一种特立独行的认知，这会让客户认为产品的销路很好，自己并不是最大的客户。这时，客户就会主动要求与销售人员进行交流，商谈产品订单的相关事项。

以上是欲擒故纵法在实际运用中需要注意的问题。销售人员如果遇到客户在购买产品时犹豫不决，就可以参考上面的方法，再结合当时的实际情况，及时做出调整。

> **小·提示**：销售人员在使用欲擒故纵法时，一定要根据客户的购买态度和实际的销售场景判断。这样，才能预防客户真的离开，丢失客源。

11.8 时间成本法："您的时间宝贵，喜欢就下手吧"

时间成本法也是销售人员在客户犹豫时的应对方法，这种方法是指让客户意识到时间的紧迫，以时间成本的高低对客户施加压力，从而促成产品的顺利售卖。

举例来讲，销售人员可以向客户说："您的时间宝贵，喜欢就下手吧""活动截至今天，您看了不买就是在浪费机会"等。这样，会让客户对自己的时间更加珍惜，并且让客户产生"机不可失，时不再来"的想法，从而痛快地下单。

事实上，人们对购物的看法通常分为两种，一种是客户喜欢享受购物的过程，另一种是通过购买产品来满足自己的需求。这两种方式都会付出时间，并且客户对产品的兴趣越大，其所花费的时间就越长，时间成本也就越高。

因此，销售人员在面对犹豫不决的客户时，告知其时间的宝贵，过于犹豫会增加自己购物的时间成本，客户就会为了节省时间成本，做出立刻购买产品的决定。

销售人员："您好，欢迎光临我们服装专柜。"

客户："你好，我想买一件羊毛大衣，你们店里有吗？"

销售人员："您这边请，这几款大衣都是我们店里新上的款式，都是今年的最流行款式，您看一下。"

客户："这款还行。"

销售人员："您真有眼光，那您试一下。"

客户："好的。"

销售人员："您穿上正合适，肩宽、袖长、腰围这三个地方都很合身，就好像是为您量身定做的一样。"

客户："是吗？我看也挺好看的。你们这家店是品牌服饰吗？"

销售人员："是啊，我们的服装店是全球连锁的，所以，您可以对我们的衣服质量放心。除了品牌，服装的款式和品质都是市面上最高端的，其服装设计师……"

客户："好的，不好意思打断一下，你说的我已经知道了，我现在赶时间，晚上会参加一场宴会，那这款衣服的价格是多少？"

销售人员："这件晚宴装的价格是3888元。"

客户："这样啊，还有别的款式吗？虽然这件衣服的质量很好，是国际的大品牌，不过就是价格稍微贵了一些啊。"

销售人员："这件衣服的价格确实不便宜，但是它的价值就是这么高。您刚刚说要去参加晚宴，肯定是非常重要的宴会，如果您穿上这件衣服去参加，到时候您就是全场的焦点啊。再说下午宴会就要开始了，您的时间宝贵，喜欢就买下吧。"

客户："你说得有道理，这次宴会确实非常最重要，那麻烦你帮我把这件衣服包起来吧。"

就这样，销售人员通过向客户介绍产品的优势和合理利用时间成本法，转变了客户犹豫不决的态度，顺利实现了产品的销售。所以，销售人员在应对客户的犹豫时，也可以使用时间成本法提醒客户时间宝贵，应早些下决心。这样，客户就能在很大程度上消除犹豫，下定决心购买产品。

> 💡 **小·提示**：销售人员在使用这一方法时是有一定的销售环境限制的。如果客户对购物时间不太在意，那么销售人员使用时间成本法就起不到显著的效果。因此，销售人员应该对客户的购物时间有所了解，从而有针对性地对客户使用这种方法。

11.9　损失厌恶法："这款好像没有了，我去库房找找"

损失厌恶法是指让客户在购买的过程中产生一种适当的恐惧心理，依靠客户不愿意失去的心理来让客户产生购买的压力，从而让客户快速购买产品。

这种方法在日常生活中很常见，在销售过程中也很常见。前几年 H7N9 流感病毒大肆横行时，舒肤佳的销售量就创了新高。舒肤佳在其洗手液广告中就是运用的损失厌恶法，在广告中，特意表现出生活环境中处处都是细菌传染：乘公交车、在公园里玩耍、带小孩儿时等，一不小心就染上了细菌。广告还将人体局部放大，一个个细菌像虫子一样爬来爬去，让人心惊胆战。

分析它的广告，舒肤佳就是利用人们内心的"恐惧点"让人们陷入自我安危的忧虑中，而解决这种忧虑的方法就是每天洗脸、洗手、洗澡一定要用杀菌的香皂——舒服佳。这条广告向人们传递了有效洗手才是保障健康的最佳方式，暗示洗手使用舒肤佳是关键，可以消毒、杀菌。其产品在后期的销量惊人则在意料之中。

科学研究发现，人们对自己能够得到的东西的关注度不大，但却常常将注意力放到自己失去的事物上去，其中的恐惧是一种复杂的、令人不舒服的情绪体验。研究发现，人在恐惧时肾上腺素分泌增多，会发生一种原始的、本能的攻击或逃避的反应，然后促进荷尔蒙分泌，产生满足感。在人脑里，关于恐惧与满足的区域有部分重合。

针对人们的这种心理，销售人员就找到损失厌恶法，用制造失去的方式来营造客户内心的恐惧。这样，客户就会急于找到摆脱恐惧的方法，从而愿意购买产品。举例来讲，当客户对一件大衣产生了好感，想要购买但是却犹豫不决时，销售人员就可以使用"这款好像没有了，我去库房找找"的说辞，先为客户营造一种他不能购买产品，即将失去拥有产品的感觉。这样客户就会产生一种恐惧感，害怕失去，从而使自己快速下单，购买产品。

这种销售场景很常见，损失厌恶法的效果也非常显著，销售人员在遇见客户对购买产品犹豫不决时，就能够让客户转变当时的想法，立即下决心购买产品。

下面是使用这一方法时应该注意的问题。

1. 寻找客户的情绪弱点

损失厌恶法的核心是找到客户所恐惧的情绪和事物，利用这些恐惧情绪，让客户产生害怕失去的情绪，以此来抓住客户的心。在销售过程中，如果能够找到客户的情绪弱点，就能够对其心理进行掌握和把控，从而达到对症下药的产品销售效果。

在现代社会中，人们对某些事情存在着一定的恐惧，这也是损失厌恶法所涉及的要素，如人们对于经济危机的恐惧、对于失业的恐惧、对孤独的恐惧、对疾病的恐惧、对灾难的恐惧等，都会影响人们的行为。而且还有一种恐惧叫作失控感，这种感觉会让客户在销售过程中产生问责、悔意、负罪感，使他们急于得到安慰，从而将情感转化成行动，快速产生消费。

所以，销售人员要想尽快地促成产品的销售，就需寻找到客户的情绪弱点，并对其加以适当刺激，这样才能让客户尽快下决心购买产品。

2. 激发客户的强烈渴望

对客户情绪弱点剖析之后，销售人员还要将之作为突破口，给客户提出建议，引导客户对产品产生强烈的渴望，从而让客户形成"产品可以化解自己的恐惧、满足自己的强烈渴望"的感受，进而大大激起客户对产品的购买欲望，促成产品的销售。

3. 注意方法使用的分寸

在使用损失厌恶法的过程中，销售人员要注意使用的分寸。因为"这款好像没有了，我去库房找找"的说法可能会让一些敏感的客户形成产品已经没有了的想法，或者会认为"产品就剩一件了，是别的客户挑剩下"的感觉。这两种场景都是销售人员应该竭力避免的。

因此，销售人员在使用这种方法时，最好要从正反两个方面对客户进行说服。让客户既感受到产品的珍贵，又不会对产品产生偏见。

> **小·提示**：销售人员要懂得这一方法的核心是适当地让客户产生恐惧心理，并让客户对产品产生非常珍视、不能失去的感觉，从而让客户愿意立即掏钱买下产品。

11.10 假设成交法："您想刷卡还是付现金呢"

假设成交法也是踢好临门一脚的有效方法，在使用这种方法时，销售人员要在销售的后期主动假设客户已经同意成交，并主动向客户用限定型的提问方式向其询问"您想刷卡还是付现金呢"。这样，客户就容易按照销售人员提供的思路，默认自己已经确定买下产品，从而完成产品的交易。

邵华是一家服装店的销售人员，她在产品的销售过程中常常会用到假设成交法，以此来促成产品的销售。下面是她使用假设成交法的销售场景。

邵华："欢迎光临本店，如果您有喜欢的衣服，您可以试一试，我很高兴为您服务。"

客户："好的，我先看一下，这件，帮我拿一下。"

邵华："您请稍等。您的眼光真好，这件衣服真的很适合您，您先试试看。"

客户："挺好看的，这件衣服多少钱？"

邵华："这款衣服的材质是纯羊绒的，而且是今年的最新款，所以衣服的价格稍高一些，衣服售价是1988元"

客户："这么贵啊，能不能打个折扣？"

邵华："不好意思，这款衣服的材质和款式是本店最好的，又因为是新款，所以说是不能打折的。"

客户："这样啊，我再想想。"

邵华："您穿这件衣服真的特别漂亮，而且您的身材和肤色本身就很好，穿上这件衣服气质就更加好了。"

客户："是很漂亮，我也应该给自己买一件大衣了。"

邵华："是啊，女人就要对自己好一点，您就买下吧，您是想刷卡还是付现金呢？"

客户："啊，那我付现金吧。"

就这样，客户被销售人员的思路带走了，没有过多的时间思考就已经决定买下产品。这种现象很常见，也是假设成交法的效果所在。销售人员在采用这种方法时，最重要的是要看懂客户的购买心意。这样，才能让销售订单顺利签订。

那么，哪些是客户想要购买产品的信号呢？一般情况下，客户如果详细询问产品的性能、质量、特点等细节，之后又对产品价格表示了兴趣，就意味着客户对产品已经有了初步的购买意向。

如果客户在上面的问题都问完之后，就"顺便"谈起了产品的售后问题，这时，客户想要购买产品的意向就表现得很明显了。销售人员此时应当抓住成交的机会，向客户细心地解答他们所提出的售后服务问题，产品订单的签订自然是水到渠成。

除此之外，还有一种情况也是产品成交机会出现的信号，即客户如果对产品的其他事项都已经没有了异议，但是单独拿出产品的价格来和销售人员进行谈判。这时销售人员只需要向客户解释产品价格贵的原因，如"一分价钱一分货""物超所值"等，用这些来打消客户对产品价格的怀疑，那么，双方就可以很快达成交易。

如果在这时，客户还是表现出犹豫不决的态度，销售人员就可以稍微向客户做出适当的让步，降低一些产品的价格，并告诉客户此时的价格已经是自己的底线，希望客户不要错过这个机会。如果客户真的想要购买产品，那么就会很痛快地签下订单。

　　以上是假设成交法的实际应用场景和应用时的注意事项。在使用这一方法时，销售人员要对这些知识进行了解和掌握。这样，销售人员才能够全面地把握客户的心理，促成产品的交易。

　　小·提示：在使用假设成交法的过程中，要特别注意客户的态度。如果客户的态度比较犹豫就可以使用这一方法，帮助客户尽早下决定；如果客户的态度比较强硬，不喜欢别人为其做决定，销售人员就要慎用这种方法，否则就会造成客户的反感，使产品销售失败。

📖 **情景测试** ··

情景测试 1：客户明确要购买产品，但是希望价格上再优惠一些，如何跟客户说？

答案：_____

_____

参考答案：我给您的价格已经是底价了，这样吧，我以老客户的名义为您填单，让您像老客户一样，享受 95 折的待遇。

情景测试 2：为客户推荐了单品茶叶和套装茶叶后，客户一时拿不定主意，作为销售应该如何和客户说？

答案：_____

_____

参考答案：现在新茶刚上市，与往年相比还处于较低位置。一般来说，接下来的两个月会有大涨情况，建议直接要套装的，不仅量大，单价也低。

情景测试 3：客户坚持让继续降价，自己已经处于微利状况了，再降将有亏本的风险。如何如实告诉客户？

答案：_____

_____

参考答案：目前这个价格在同等质量当中算是最低的了，您也可以去其他店里看一下，如果比我的便宜，我情愿双倍补差价。

情景测试 4：客户看起来很有品位，但是还是希望自己能够再降一些。应该如何与客户说？

答案：_____

_____

参考答案：看您不是高管就是老板，我们现在给您的价格已经是底价了，和我再砍价也没有太多意义。您一个小时挣的就不止这一点吧？

第 12 章
如何处理客户投诉

销售过程中免不了与客户发生摩擦，常常会出现客户投诉的情况，处理好这一情况，不仅有利于产品在客户心中的信誉，还有利于产品的再次销售。所以，销售人员要充分重视客户的投诉。

12.1　明确正当投诉范围：产品和服务

销售人员处理客户投诉的首要责任是明确正当投诉范围，其中最重要的是产品和服务，这两个关键方面关系到客户需求的正确解决。

圆满解决客户投诉的关键是了解客户投诉的真正原因。在遇到客户投诉时，销售人员一定要明确是由于产品的质量问题还是由于客户对销售人员的服务不满造成的。找到了客户投诉的确切原因，销售人员才能对症下药，最快、最准确地解决问题。

出现客户投诉的第一种原因是产品出现了质量问题或产品描述与实际情况不符等。

举例来讲，比较常见的产品描述不符情况是客户所购买的产品与达成交易时销售人员对产品的描述不相符，销售人员未披露产品瑕疵、保质期、附带品等必须说明的信息，妨害了客户的权益。

当销售过程中出现这类问题时，销售人员就要明确客户投诉的产品质量是否真的出现了问题。如果产品质量确实不符合标准，销售人员就要对客户表达歉意，并且主动为客户调换合格的产品，弥补客户的损失，以获得客户的谅解。

如果客户投诉的产品质量没有本质性的问题，只是客户对产品过于苛求，销售人员就要向客户进行详细的说明，让客户明白产品的质量是符合标准的，能够满足他们的需求，这是产品生产过程中不可避免的小瑕疵。如果是使用不当，就应该告知正确的操作方法。如果客户对产品的质量过于苛责，不能接受产品的原有质量，这时，销售人员可以向客户介绍另一种质量高的产品。

销售人员在解决这一问题的过程中，要全程保持耐心、细心，让客户感受到销售人员为其服务的诚意。这样，客户才能将销售人员所说的话放在心里，有助于客户投诉问题的顺利解决。

出现客户投诉的第二种原因是销售过程中服务出现了问题，如销售人员违背当初双方的承诺、在解决售后问题时出现了态度问题等情况。

关于销售人员违背承诺的问题，具体是指销售人员未按照承诺向客户提供相关的服务，妨害了客户服务满意权益的行为。其中，这种行为有以下几种典型的情况。

1. 销售人员应该承担因消费者保障服务产生的退货、退款等售后保障责任，但销售人员拒绝承担。

2. 销售人员应该承担七天无理由退换货、假货赔三、数码维修等售后保障责任，但销售人员拒绝承担。

3. 销售人员参与试用中心的活动，却在客户报名完成后拒绝向客户发送已承诺提供的试用商品。

4. 销售人员未履行其与客户所达成的对交易的补充或变更约定，且该约定与规则的强制性规定无冲突。

这些情况就是客户在投诉过程中对销售人员的服务常提的问题，明确了具体情况后，销售人员就要针对自己的服务不到位或产品有瑕疵的情况对客户表示歉意，对客户进行弥补，帮助客户解决问题，及时有效地为了挽留客户做努力。

事实上，销售人员处理客户投诉不仅是一次表现自身公关处理能力的机会，也是一次提升服务质量的机会。

因此，销售人员在处理客户投诉时，要明确正当投诉范围，分清客户投诉的对象是产品还是服务。只有真正了解了客户投诉的确切原因，才能及时处理好客户的投诉、获得客户的谅解，帮助产品树立良好的品牌，以有利于产品的二次销售。

> **小·提示**：销售人员在面对客户投诉时，首先要对客户投诉的原因进行正确的分析，找出客户真正不满意的地方，之后要对症下药，有针对性地对客户的投诉做出正确的反应，及时准确地处理客户的投诉。

12.2 分析投诉类型：监督、理智、谈判、受害、忠实

销售人员在处理客户投诉的过程中会分析客户的投诉，将投诉划分为不同的类型，针对投诉类型有针对性地进行解决。一般情况下，客户投诉分为监督、理智、谈判、受害、忠实五种类型。

在销售过程中，监督类型的客户通常会对服务质量保持高度关注。在他们的投诉中，其主要目的是向销售人员或商家反映问题，要求销售人员重视销售过程中的服务质量，并在此基础上改进服务质量。而且，这类客户还会在投诉之后持续关注销售人员的动态和发展。

在应对这种类型的投诉客户时，销售人员需要对客户保持充分的尊重和重视，并且向其表现出信任和欢迎，告知这类客户自己会在今后的销售过程中对服务加以改善，并且让这类客户看到自身服务质量的改善，充分满足这类客户好为人师的心理。

理智型客户投诉的原因很简单，即解决自己在购买产品中遇到的问题，他们通常不会对销售人员提出相对过分的赔偿要求，而是会根据相关的法律和法规来保护自己作为消费者的权益，在反映事实的情况下有限度地主张自己的权益。

因此，销售人员在应对这类问题时只需要认真记录他们在购买产品过程中所遇见的事情原委，并且向其做出相应的补偿承诺即可。如果产品的售后解决需要时间，销售人员还应该及时对客户给出答复的期限，以便客户对销售人员产生信赖感，便于产品售后的解决。

相比于其他的类型的客户，谈判型的客户处理起来会比较麻烦，因为他们的要求会比较多，而且他们存在着谈判的心理，想要获得更多的好处。一

方面这类客户想要通过投诉来发泄自己心中的怨气，另一方面也希望销售人员从经济方面对其进行补偿来弥补自己的损失。

对于这类客户，销售人员在接待他们时既不能耍小脾气，对客户不理不睬，也不能过于谦卑，对其一味地迁就。最好的应对方法是不卑不亢，做到有理、有利、有节，满足其合理的诉求，对其不合理的诉求进行解释，以获得客户的理解。

受害型客户在应对上是相对容易的，主要是因为他们投诉的目的很简单，即获得销售人员的同情和尊重，这类客户发起投诉的行为最主要是希望获得安抚和理解，得到心理层面的安慰。

销售人员在处理这类客户的投诉时可以使用"以情感人"的方式，对其所遭遇的事情表示同情，对他们进行心理安慰和劝解，帮助他们疏解情绪，满足其投诉的目的。

忠实性客户与其他客户表达不满的目的不同，这类客户会通过反馈其他客户的"不满"来吸引注意力。他们投诉的主要目的是希望借此机会来引起销售人员对自己的重视，希望销售人员能够记住自己对产品的喜爱。

因此，销售人员在应对这类客户时应该表现出特别的善意，并对其适时表示感谢，这样这类客户的"投诉"目的就得到了满足，问题就会得到了解决。

> **小·提示**：以上是客户投诉的五种类型，销售人员在应对客户的投诉时，需要对投诉的客户进行分类，这样才能找到合理的解决方法，有针对性地解决客户的投诉。

12.3　使用同理心：重复经历、重复情绪

科学研究发现，人们大多倾向于与自己相似的人交往。同样，在销售过程中，客户也会对与自己有共同点的销售人员产生好感。因此，销售人员在解决客户的投诉时，如果使用同理心的方法，向客户重复经历、重复情绪，就能够让客户的心情平静下来，有利于投诉问题的解决。下面这个案例表明了同理心在人与人交往中的重要作用。

王方然是一名保险推销员，2017 年 2 月他刚刚到保险公司上班。从 2 月到 3 月，两个月的时间里，王方然一份保险也没有卖出去，这令他非常沮丧。不过，4 月的第一个星期天，他突然意识到了什么，结果很快就将保险卖了出去。

原来，王方然在月末的时候对自己近两个月的工作和遭遇做了总结。他发现这种处处碰壁、被人拒绝的情况在销售人员中很常见。他灵机一动，为什么不把这段经历告诉有同样遭遇的客户，来增加两人之间的联系呢？

果然，王方然在再次拜访客户时，会对客户的资料进行分析和研究，首选那些有过被拒绝经历的人为推销对象。在一开始，他就向客户"诉苦"，用自己的遭遇来引出客户对自身被拒绝遭遇的回想。这样，他不仅获得了客户的同情，还大大拉近了双方之间的距离。

最后，王方然通过这种方法找到了保险推销的方法，成功卖出了很多份保险，在年终业绩评比时，还被评为"优秀销售员"，获得了丰厚的年终奖。

王方然之所以能够成功将保险卖出去，就是因为他利用了客户的同理心。在他与客户的交谈中，不断向客户传递"我是自己人"的意念，让客户对自己产生了好感，从而为达成交易做好了气氛铺垫。

从上面的案例中大家可以看到，同理心在销售过程中的重要作用。同样的道理，同理心在解决客户的投诉时也有非常重要的意义。销售人员在解决客户投诉的过程中，向客户重复自己在遇见这一情况的经历和情绪，就能够在很大程度上获得客户的好感，客户就会不自觉地将销售人员归入"自己人"的行列，这样能够大大提高解决客户投诉的成功概率。

需要提醒大家的是，销售人员在使用这一方法时需要注意以下方式和方法，这样才能让客户投诉更容易得到解决。

1. 快速了解客户的投诉信息

销售人员使用同理心来应对客户投诉的核心是向对方展示自己与其处世态度或观念上的统一性。所以，销售人员在与客户交谈的过程中，了解和掌握客户的投诉信息是重中之重。如客户在购买过程中遇见的最恼火的经历和感受、客户的性情等信息，都会对解决投诉有重要的影响。

销售人员要想让同理心方法发挥最大的功效，就要从以上信息中寻找与客户相似的信息或观点，通过重复经历和情绪积极地向客户展示自己与客户的相同点，从而获得客户的好感。

2. 多方面寻找双方的相似点

销售人员通过对客户展示双方之间的相似之处，就能够很快获得用户的好感，随着交谈程度的加深，如果客户发现双方之间存在很多的相似点，就会更加容易将销售员当成自己人。因此，销售人员最好多寻找双方的相似点，以便进一步拉近双方的关系，促成问题的解决。

3. 寻找恰当的展示机会

恰当的时机往往会让事情发生事半功倍的效果。所以，销售人员在使用同理心处理客户投诉时，需要寻找恰当的时机，恰到好处地向客户展示双方之间有很多相似之处。这样，客户就能体会到销售人员的善意，在客户心中留下良好的印象，促成客户投诉的顺利解决。

> **小·提示**：销售人员在使用同理心方法时应该很好地了解客户的信息，这样才能让自己在与客户的交流中使重复经历、重复情绪更加有效，达到将话说到客户心里的效果。

12.4　说明问题："您搞错了"换成"可能是我没说清楚"

说明问题也是一种处理客户投诉的有效方法，销售人员常常遇见客户因为自身原因导致误解进行投诉的情况，错误的做法是告知客户"您搞错了"，而正确的应对则是将过错揽到销售人员自己的身上，即用"可能是我没说清楚"代替"您搞错了"。这样，客户就能更容易接受销售人员的说法，更好地处理客户的投诉。

张扬是一家医疗器械店的销售人员，其客户多半是老年人。有一次，张扬给半年前买器械的客户赵峰打电话回访使用情况，没想到赵峰脾气十分暴躁，在接到张扬的电话后就开始抱怨不断，喋喋不休。

客户："我儿子为我买了这个机器之后我本来很开心，起初用起来也很舒服，但 3 个月之后，机器开始出现故障。时好时坏，反复无常，用起来很不省心。你们公司居然卖给客户这样的东西，当初承诺得那么好，都是骗人的。"

张扬："哦，机器出现问题是正常的，您找过我们公司的维修部吗？这样的情况我们会上门免费为您维修的。"

客户："当然有。维修人员来了也一样，总是这个样子。你们的维修人员还说什么我的使用方法不对，破坏了它的程序什么的，真是没素质，竟然还把责任推到我的身上。我之前用得很好，只是时间久了才这样，这显然是你们的质量问题。"

张扬："嗯，如果我们的工作人员表现得不太好，请您见谅。我在这里替公司向您道歉。现在我想问一下您平时使用的时候是按照说明书来使用的吗？"

客户："哪需要什么说明书，这么简单的东西谁都会用，根本不需要什么说明书。"

张扬："其实您应该看一下说明书的。说明书是每台机器必备的，不仅讲了一些大家都知道的操作方法，还说明了每一台机器的个性问题。有些机器如果不按照说明书来操作，寿命就会减短，您这台机器可能就是这一问题。针对您出现的问题，我感到非常抱歉，很有可能是我没有在您购买时向您说清楚，您出现了这种情况我们感到非常遗憾。这样吧，正好我们公司现在有一个活动，这些医疗器械凡是售出半年以内的，都可以参加以旧换新活动。新产品在价格上虽然比旧产品要贵些，但是功能又增加了，而且对新产品，我们公司实行的是终身保修制，您如果再遇到什么问题可以随时打电话找我们。您只需要在旧机器价钱的 80% 的基础上再补齐新机器的钱就可以了。这样，无论是从经济还是使用舒适度来说，对您都是极好的。您对这个活动有兴趣吗？"

客户："这还可以，你早这样说不就行了？还说是我搞错了，明明是你们公司的问题，你们做错了事情要懂得承认，不能总是推卸责任。至于你说的新机器，就先运到我家里来吧。我先试用一段时间，再不能出现上次的情况了。"

张扬："这个自然，您看下午方便吗？我们的外勤人员会把机器给您送过去，然后撤走旧机器。"

客户："那好，就下午过来吧。"

从上面的案例中大家可以看出，处理客户投诉时向客户说明问题是非常有效的方法，销售人员在说明问题时，要注意自己的方式，如将"你搞错了"转变为"我可能没有说明白"就是非常有效的解决方式，这种说法能够帮助客户平复心情，更有助于客户投诉问题的处理。

另外，销售人员还应该尽量认同客户的观点和看法，适当地对客户的意见表示肯定，这也是一种非常有效的办法。如果销售人员能够在这一方式的基础上对客户表示感谢，就会使客户更深切地感受到销售人员的真诚，这更有利于处理客户的投诉问题。

总之，当客户对产品和服务投诉时，大多数的原因是客户的需求没有得到完全满足，这就会导致客户通过情绪、语言或行动表达出来。

一旦客户心中有了不满，并且还得不到解决，这些怨气就会一直积压在客户心里，反复刺激客户。久而久之，这种消极心理就容易造成客户对销售人员的不信任，导致客户的流失，使产品的销售不能顺利进行。

所以，销售人员在对待客户的抱怨时，千万不能掉以轻心，要学会用征询意见的方法了解客户的真实想法，帮助客户解决问题，处理好客户的抱怨。

> **小·提示**：销售人员在解决客户的投诉时应该讲究方式和方法，在面对客户的抱怨时使用说明问题的交谈方式，对客户的情绪进行安抚，帮助客户更快、更顺利地解决问题。

12.5 快速解决投诉，互动中促成二次购买

良好的售后服务能够让客户感到销售人员的诚意，促成产品的二次购买。有些销售人员只顾眼前的利益，认为产品销售完之后就万事大吉，将客户的投诉置之不理，这种做法是非常错误的。

销售人员要想成为金牌销售员，就应该看到老客户的价值，用心对待客

户的投诉，耐心、细致地解答客户的疑问，与老客户形成有效的互动，这样才能抓住与老客户联络感情的机会，为自己积累潜在的客源。

宋叶在家附近的手机专柜中选购买了一部苹果手机，但是在其购买的第三天就因为孩子玩闹，将手机掉入了水盆中。宋叶将手机拿到柜台寻求帮助，卖给宋叶手机的销售人员王芳热情地接待了宋叶。

王芳告诉宋叶，这种情况下手机是不属于保修范围之内的，但是出于对客户的照顾，销售人员还是积极地帮宋叶联系了维修客服。但是当时维修客服没有上班，王芳就拿吹风机帮宋叶吹了半个多小时，之后，为了避免宋叶因为手机故障耽误事情，还主动为宋叶提供了一款备用机。

当时店里马上要关门了，销售人员还帮自己做这些并不是她本职工作的事情，宋叶感到非常感动。最后，手机因为进水太严重，宋叶不得不又要重新买一部手机。自然，宋叶又到了当初的店里，购买了一款新手机。

从上面的销售案例中，大家可以看到，售后过程中解决投诉问题也是一种让客户感受销售人员诚意的重要方式。所以，销售人员需要在解决客户的投诉中做好与客户的互动，让客户主动进行二次购买。在与客户的互动中，销售人员需要注意以下 3 点。

1. 欢迎客户来投诉反映问题

售后过程中，销售人员面临最多的情况就是客户的提问，有些销售人员面对频繁的、相似的问题时，常常会感到厌烦，久而久之，就会拒绝客户的提问，对客户表现出不满。这是一种非常不明智的做法，这样做会让老客户失去对销售人员的信任和忠诚，转而投入竞争对手的怀抱。

所以，销售人员在面对客户的询问时，首先要表现出"非常乐意为您服务"的态度，欢迎客户的投诉，并对其表示感谢。这样既能够避免客户的尴尬，也能让客户感到销售人员的善意帮助，这会更有利于双方的沟通和交流。

2. 为客户提供周到的服务

周到的服务会让客户有暖心的感受，有时，销售人员在解决客户投诉的过程中为客户提供一杯水，就能够让客户感到销售人员表现出的诚意，进而增加自己对销售人员的好感，产生"售后的态度也很好，这个销售人员值得信赖"的心理，在客户再次购买产品时，也会优先选择这位销售人员。

3. 耐心解决投诉，主动与客户互动

售后的过程中，销售人员要抓住这个交流沟通的好机会。因为客户有事情找自己，所以更方便双方之间的沟通，增进双方的感情。所以，销售人员在解决完客户的问题后，可以多向客户询问一些其他的琐事，但是要注意分寸，不要涉及客户的隐私。

> **小提示**：销售人员在面对客户的投诉时，要热情地接待客户，不能让客户感到冷漠。这样，才能留住客户的心，让客户感到销售人员的诚意，在其二次购买时，才会第一时间想到销售人员的热情服务。

12.6 征询意见："您看怎么做才会让您满意呀"

征询意见是一种非常有效的处理客户投诉的方法，当销售人员向客户使用这一方式时，客户就会有一种被尊重的感觉，如对客户说"您看怎么做才会让您满意呀"的话语，就会让客户感受到自己在双方的交流中处于主动地位，就会使客户的怒气或抱怨减少一些，使双方的交流更加通畅。

下面是一个销售人员处理客户投诉的案例。

赵烨是一家大型家电商场的销售人员，周六的下午他就处理了一起客户投诉的事项。

赵烨："您好，请问您有什么事情吗？"

客户："我要找你们经理，我要退货，还要你们赔偿损失。"

赵烨："这是怎么了，您可以先跟我说一下吗？"

客户："不行，我就要找经理，经理在哪？"

赵烨："真不好意思，经理今天调休，他不在公司，要不您还是先和我说一下吧，看我能不能帮您解决。"

客户："好吧，那我就和你先说一下，我上个月在这儿买了一台空调，结果这个月去交电费的时候竟然比平时多花了 300 元，这就是空调导致的。

买的时候你们告诉我这是节能省电的空调，没想到这短短的一个月，就花费了我 300 元的电费，这也太费电了。"

赵烨："这是真的吗？您确定是空调的毛病吗？"

客户："当然是真的了，我骗你干嘛啊？你们这是欺骗消费者，如果你们不给我一个说法，我就去消费者协会告你们。"

赵烨："您先消消气，这样，我们会先派专门的维修工人去看看您的空调，如果确实是我们产品的问题，我们公司肯定会给您一个说法的，您看行吗？"

客户："这就行了？"

赵烨："那您看怎么做才能让您满意呀？您先说出来，如果我们能办到就会尽可能地帮助您解决问题，可以吗？"

客户："这样，你刚说的去看空调，现在就要跟我走，不能拖沓，而且你们还要派一个管事的人去盯着，如果是你们产品有问题，就当场赔偿我的损失，并且向我道歉。"

赵烨："这得请示我们经理，您先稍等，虽然经理不在，我可以请示其他主管，帮助您解决问题，您看行吗？"

客户："好吧，那就按你说的办吧。"

最后，销售人员按照客户的意见进行了处理，获得了客户的认可，顺利解决了客户所投诉的问题，并且在客户的心中留下了良好的售后印象，树立了口碑和企业形象。

销售人员应用征询意见的方法处理客户投诉时应注意以下三个方面。

1. 认真聆听客户抱怨并做好记录

科学研究发现，人在冲动状态时，大脑神经会极度兴奋，心跳加速。有人会出现浑身颤抖、呼吸急促的情况，有人甚至会甩手跺脚、蹦蹦跳跳，通过这样的方式来发泄自己心中的不满。因此，当客户处于这种情况时，销售人员要尽量少说话，尽可能地多让客户诉说自己的抱怨，当客户将心中的愤怒发泄出来之后，双方的交流才能够顺利地进行。

因此，销售人员在处理客户投诉时，要做一个聆听者，让客户把不满情绪尽情宣泄出来。销售人员要耐心倾听，并仔细地做好记录，将客户所说的信息搜集整理出来，进一步了解客户的深度需求，以便更好地处理客户抱怨的问题。

2.耐心询问客户意见和建议

客户向销售人员提出投诉，其原因就是客户对产品或服务有不满之处。所以，销售人员要想解决问题，就要耐心询问客户对产品或服务的意见和建议。这样，客户才能将自己的需求说出来，使处理更加有针对性，从而获得更好的处理结果。

3.用缓慢的语速与客户沟通

销售人员在处理客户投诉时，如果能够以缓和的语速和声调来与客户沟通，就能在一定程度上降低客户的激动情绪。

事实上，要做到这一点非常不易，销售人员如果没有管理自己情绪的定力，是无法沉着应对的。特别是面对那些客户在气头上说出的难听的话，销售人员一定要保持良好的素养，用缓慢的语速来与客户进行沟通，平复客户激动的情绪，让客户感到销售人员处理事情的态度和决心，从而做好事情的处理。

> **小·提示**：销售人员使用这一方法的核心是尊重客户的意见，将客户的意见放到首位。但是，也不能一味遵从客户的意见，甚至满足客户不合理的要求。所以，销售人员要把握好处理客户意见的分寸和程度，让客户投诉得到更好、更准确、更圆满的解决。

12.7 一站式服务：从受理到处置由专人负责

面对客户的投诉销售人员要提供一站式的服务，由专人负责从投诉受理到处置的一系列事宜。这样客户就会感受到销售人员处理事情的诚意，对销售人员产生好感，更有利于客户投诉的处理。

广州的章先生于 2017 年 2 月初在长安铃木汽车 4S 店中购得一辆自动豪

华炫动版新奥拓。然而，章先生在购车后不久发现，车子在正常行驶的情况下，仪表盘会时不时地突然熄灭，怠速、车速指示归零，所有故障灯亮起，几秒钟后又会自动恢复正常。

随着时间的推移，这种故障愈加频繁和严重，特别是在晚上的高速公路上，如果突然灯光全无，会对车内的人员有很大的安全隐患。为了维护自己的权益，章先生致电长安铃木的 4S 店，向其进行产品的投诉，希望可以得到厂家的帮助。

店内的工作人员接到章先生的投诉后，第一时间就把投诉转给新奥拓汽车相关的厂家工作人员进行处理。而新奥拓汽车处理投诉的效率也相当高，很快就把投诉圆满解决了。

在解决的过程中，新奥拓汽车在接到投诉之后，相关部门高度重视，立即安排了市场工作人员进行积极协调，并通知相关 4S 店负责人亲自打电话询问有关情况，全程跟踪处理直到问题解决，并且厂家还为章先生的车辆更换了碳刷调节器，免费修好了玻璃升降、安全气囊灯常亮等老问题。

汽车 4S 店通过向章先生提供一站式的服务，圆满地解决了章先生的后顾之忧。对于汽车厂的这种做法，章先生非常满意，他不仅肯定了长安铃木的售后服务，还称赞 4S 店的服务态度非常可信。

从上面的案例中大家可以看出，销售人员如果能够在面对客户投诉时为其提供一站式的服务，从接受客户的投诉到解决客户的问题，销售人员对客户的问题更加了解，处理起来更加顺手，使客户从中感受到销售人员的诚意，获得的客户认可和满意。

另外，销售人员在为客户提供一站式服务时应该向客户解释问题出现的原因并与客户协商解决方案，这是处理客户投诉的重要环节。通常，解释问题阶段对销售人员的要求有以下六点。

第一，不与客户争辩，不为自己的错误找借口。

第二，注意解释问题时使用的语调，不要让客户有受到轻视冷漠或不耐烦的感觉。

第三，换位思考、懂得易地而处，从客户的角度出发，做合理的解释或澄清。

第四，不要推卸责任，不得在客户面前评论店里其他同事的问题。

第五，在没有彻底了解清楚客户投诉的问题时，不将问题反映到相关人员处，避免出现"车轮战"的局面。

第六，如果确实是商家自己的原因，注意管理客户的期望，同时提出解决问题的办法。

在提出解决方案阶段对销售人员的要求有以下三点。

第一，按照投诉类别和情况，提出解决问题的具体措施。

第二，向客户说明解决问题所需要的时间及其原因。如果客户不认可或拒绝接受解决方案，销售人员要积极与客户沟通，寻找一个双方都可以接受的方案。

第三，及时将需要处理的投诉记录传递给相关人员处理。

以上是销售人员为客户提供一站式服务时要注意的问题和正确做法。销售人员遵循以上各点，有助于客户投诉问题的解决。

> **小提示**：销售人员要根据客户所投诉的问题来确定是否使用一站式的服务。如果客户的诉求较为简单，销售人员可以直接对客户所反映的问题进行解决，如果客户的诉求比较复杂，销售人员才需要考虑给客户提供一站式的服务。这样灵活地应对客户的投诉，会使办事效率得到大大提高。

12.8 服务承诺：给定处理期限、预期结果

应对客户的投诉，销售人员还可以采取服务承诺的方式进行解决，即给定客户问题处理的期限及预期的结果，明确客户诉求的解决结果，给客户吃一颗"定心丸"，从而顺利解决客户的投诉。

一般情况下，销售人员要想处理好客户的投诉，首先就要处理好客户的情绪，当客户从表达自己的愤怒转向关注问题的解决时，销售人员就应该体贴地表示乐于提供帮助。在这种情况下，只要给客户一个满意的解决方案，客户就不会再继续刁难。

特殊情况下，销售人员在平息客户愤怒时会遇到一些障碍。这时，销售

人员就可以承诺客户处理问题的期限或预期结果。

举例来讲，销售人员可以对客户说："杨先生，我非常真诚地想要解决您的问题，但是您如果一直这样情绪激动，我们根本没有办法好好交谈。针对您提出的问题，我们公司可以对您做出相应的承诺，我们可以向您保证在这周之内给您答复，届时会交给您一个满意的答案，您先少安毋躁，平复一下情绪，可以吗？"

销售人员这样讲，客户的情绪就会得到相应的平复，等客户冷静下来之后，销售人员再对客户做出的服务承诺进行进一步的解释和商定，客户的投诉自然就会得到顺利解决。

需要注意的是，销售人员在与客户协商解决方案的过程中不要轻易做出无法实现的承诺。事实上，由于一些问题会比较复杂或特殊，销售人员一时没有特别完备的解决办法。这时如果销售人员无法给客户明确的答案，就应当诚实地告诉客户，自己会尽力寻找解决方法，但是需要一些时间，然后约定给客户回话的时间。

一般情况下，客户都会对销售人员表示理解，这也有助于客户对销售人员产生信赖。但是，如果双方约定了时间，销售人员就一定要确保在约定时间给客户回话，即便到时候还没有解决问题，也要向客户说明进展情况，并再次约定答复时间。大部分客户都是通情达理的，不会为难真诚对待他的人。

💡 **小·提示：** 人们都喜欢信守承诺的人，所以，销售人员如果与客户约定了解决问题的时间就要遵守约定，按照约定的时间解决问题，从而处理好客户的投诉。

12.9 补偿关照：额外赠送礼品、免除费用、赔偿

补偿关照也是一种解决客户投诉的方法。销售人员通过向客户额外赠送礼品、免除客户的部分费用或以赔偿的方式来获得客户的谅解，从而平息客户的怨气和怒气，顺利解决客户的投诉。

对客户来说，他们之所以抱怨和投诉是因为他们购买了产品或服务后没有达到预期效果，因此最后的解决方案应包括更换产品、退货或正式道歉等

客户预期的方式。

有些客户投诉可能只是为了一个合理的解释以及销售人员的一个道歉。但如果销售人员可以给客户多一点补偿，让客户得到额外的收获，他们会理解销售人员的诚意，撤销投诉，还有可能会成为忠实客户。

所以，在投诉的过程中，只解决问题仅仅是将客户与销售人员之间的裂缝抹平，并没有使客户重新获得满意的感觉。因此，在解决问题后，销售人员应该对客户进行一定的补偿。

举例来讲，销售人员可以对客户说："无论怎样，出现这种情况都是因为我们没有做好，我再次真诚地向您道歉！真的对不起，给您带来了不便。那么请您考虑一下，我们能适当给您些补偿吗？"销售人员这样说，就能够让客户对产品或销售人员重拾信心，为产品的再次销售打好基础。

另外，对于给客户的补偿，每家店和商铺都有自己的规定。一些商家都会给销售人员一定的授权，以灵活处理此类问题。销售人员在向客户提供补偿时应当注意为客户提供多元化的选择。多种选择方式会让客户感到受尊重，同时，客户选择接受的补偿措施在实施的时候也会得到客户更多的认可和配合。

需要提醒销售人员的是，在处理完客户的投诉后，一定要改进工作，以避免今后发生类似的问题。如果只有在受到投诉后才用补偿的方式来让客户息事宁人，并只让投诉的客户享有应得的利益，这样的做法无疑是在饮鸩止渴，最终结果就是会失去客户的信任。

因此，销售人员在处理客户投诉时，除了要对客户进行补偿外，还应该积极改进自身存在的问题，以便让销售过程更加完善，更有利于产品的销售。

> **小·提示：** 销售人员在向客户提出补偿关照时，说话的语气和态度应该带有歉意和真诚，这样才能获得客户的谅解，将话说到客户的心里去，这会对产品的再次销售大有益处。

📝 **情景测试** ···

情景测试 1：客户因产品质量问题来投诉，但是自己没有权限去处理。
应该如何向客户解释?

答案：＿＿＿＿＿＿＿＿＿＿＿＿＿＿＿＿＿＿＿＿＿＿＿＿＿＿＿

＿＿＿＿＿＿＿＿＿＿＿＿＿＿＿＿＿＿＿＿＿＿＿＿＿＿＿＿＿＿

参考答案：这个产品的质量问题，不属于我工作的范围。您稍等一下，
我让我们经理接待您一下。

情景测试 2：客户新购买的空调出现了故障，希望能够更换一台。应该
如何与客户说?

答案：＿＿＿＿＿＿＿＿＿＿＿＿＿＿＿＿＿＿＿＿＿＿＿＿＿＿＿

＿＿＿＿＿＿＿＿＿＿＿＿＿＿＿＿＿＿＿＿＿＿＿＿＿＿＿＿＿＿

参考答案：给您带来的不便，真是对不起。空调的问题，我们会在三日
内上门解决，如果确实是大问题，我们会给您更换的，您留下您的联系方式
和地址，我们在师傅上门之前会跟您电话预约的。

情景测试 3：客户购买的手机突然黑屏，并再也无法开机，客户比较着
急，希望能够恢复手机上的数据信息。应该如何向客户说?

答案：＿＿＿＿＿＿＿＿＿＿＿＿＿＿＿＿＿＿＿＿＿＿＿＿＿＿＿

＿＿＿＿＿＿＿＿＿＿＿＿＿＿＿＿＿＿＿＿＿＿＿＿＿＿＿＿＿＿

参考答案：您稍等一下，我马上安排师傅给您做手机检测，如果数据信
息还存在，一般是能够恢复的。

情景测试 4：快递员在运送过程中让客户购买的家具产生了少量破损，
然而不影响美观和使用。但是客户觉得问题很严重，希望能够换新的。

答案：＿＿＿＿＿＿＿＿＿＿＿＿＿＿＿＿＿＿＿＿＿＿＿＿＿＿＿

＿＿＿＿＿＿＿＿＿＿＿＿＿＿＿＿＿＿＿＿＿＿＿＿＿＿＿＿＿＿

参考答案：不好意思，在运送过程中发生轻微破损是在所难免的，我们也不想出现这种状况。如果再更换的话，来回也得一周的时间。为了表示我们的诚意，我们赠您一张一年期的保修卡，如果出现质量问题，我们会在最短时间内安排师傅给您免费维修。